AF469469

LA LYRE

GAILLARDE?

LA LYRE GAILLARDE,

OU

NOUVEAU RECUEIL

D'AMUSEMENS.

AUX PORCHERONS,

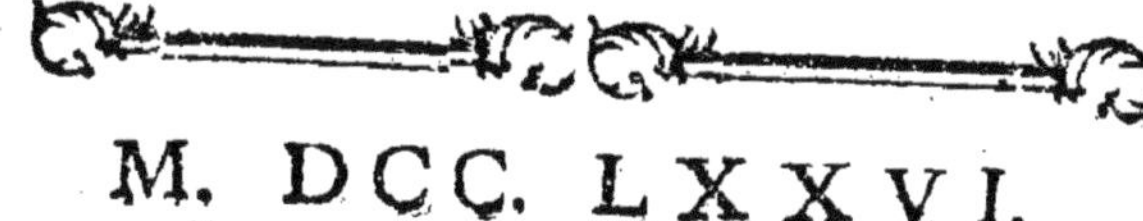

M. DCC. LXXVI.

LA COMTESSE D'OLONNE,

COMEDIE

DE MONSIEUR

BUSSI-BABUTIN.

A CLIGNANCORT.

M .DCC. LXXV.

ACTEURS ET ACTRICES
de la Piéce.

ARGENIE, *la Comtesse d'Olonne.*

BIGDORE, *le Comte de Guiche.*

GELONIDE, *la Comtesse de Fiesque.*

L'ABBE', *l'Abbé de Roye.*

MARCELIN, *Marsillac.*

LIZE, *Femme de Chambre de la Comtesse d'Olonne.*

CASTELLOR, *le Duc de Castres.*

MANICAMP, *le Giton du Comte de Guiche.*

GANDALIN, *le Duc de Gandale & autres.*

LA COMTESSE
D'OLONNE,
COMEDIE.

Le Théâtre repréſente, à l'ouverture de la Piece, la Comteſſe d'Olonne couchée ſur un lit de repos, ſa Femme de Chambre aſſiſe dans un fauteuil à côté de ſon oreiller. La Comteſſe s'éveille en ſurſaut, épouvantée d'un rêve qu'elle vient de faire, & dit ſous le nom d'Argenie.

SCENE PREMIERE.

ARGENIE, LIZE.

ARGENIE *croyant voir l'ombre du Duc de Candale ſon premier Amant.*

FAntome impérieux, qui vient mal-à-propos
Condamner mes plaiſirs & troubler mon repos,

Vas reporte aux Enfers ta noire jaloufie,
Et ne te mêle plus de cenfurer ma vie.
Chargé de tant d'horreurs, de quoi t'avifes-tu;
De revenir ici me prôner la vertu ?
Ne te fouvient-il plus que je fuis une femme;
De qui le c... brûlant fent la plus vive flamme;
Et que de ton vivant, loin de me foulager,
Cruel, tu débandois à me faire enrager ?
Non, je ne te crains plus, tes menaces font
       vaines,
Par ton heureux trépas la mort brifa mes chaînes :
Depuis ce doux moment, prodiguant mes fa-
      veurs,
J'ai dans mes intérêts réuni tous les cœurs :
Il faut f...tre ou mourir.

LIZE.

          Il faut mourir ou f...tre;
Eft-ce donc la colere, ou l'amour qui vous
      outre ?
Madame, qu'avez-vous ?

ARGENIE.

          Ah ! Lize, quel reveil !
Et que n'ai-je point vu dans mon trifte fom-
      meil !
Au fortir du repas me trouvant affoupie;

Sur ce lit de repos je me suis endormie ;

Lorſque me remplissant & d'horreur & d'effroi ,

Le jaloux Gandalin a paru devant moi.

Infame , m'a-t-il dit , d'une voix effroyable ;

Je viens te reprocher ta vie abominable :

Ingrate , as-tu ſitôt perdu le ſouvenir ,

De l'eſtime où mon feu pouvoit te maintenir ?

Dans le nombre des morts je n'étois pas encore ,

Quand tu m'aſſocies Marcelin & Bigdore ,

Chryſante ; Caſtellor , l'Aventurier , l'Abbé ;

Le reſte ne vaut pas l'honneur d'être nommé.

Que tu m'as fait ſouffrir ! Mais mon plus grand
ſupplice

Fut de voir quels amans étoient à ton ſervice ;

Que ſans diſcrétion & ſans cacher ton feu ,

Tu fis de plus en plus à tous venans beau jeu.

Vas , ſon abaiſſement fait honte à ma mémoire ;

Ma paſſion à part , il y va de ma gloire.

Les Dieux , pour t'accabler , des malheurs in-
finis ,

Vont t'élargir le C... & racourcir les V....

Les plus jeunes f...teurs auront mille foibleſſes ,

Toujours à contre-temps tu leveras les feſſes ,

Et tes amans , contraints par une dure loi ,
Au milieu du coït s'endormiront sur toi.
Pour un gueux impuissant l'amour te rendra
                    folle ,
Tes moindres maux feront chaude - pisse ou
                    v... le ;
Enfin , Bougresse , enfin , pour avoir trop f...tu ,
Un chancre confondra ton c... avec ton cu.
L'ombre à peine eut fini ces mots épouvantables ,
Qu'il disparut.

L I Z E.

          O Ciel ! quels malheurs effroyables
Menacent vos beaux jours ! & quel affreux ta-
                    bleau !
N'appréhendez-vous pas de tomber en lam-
                    beau ?

A R G E N I E.

On ne peut de frayeur être plus agitée.

L I Z E.

Vous êtes dans l'amour aussi trop emportée :
Madame , Gandalin peut bien vous gourmander ;
Pour vous f....tre il ne faut que vous le de-
                    mander.

A R G E N I E.

Que veux-tu , ma Lizon , je n'ai que cette
                    envie ,

Et c'eſt le plus grand bien qu'on goûte dans
    la vie.

LIZE.

Je lis dans votre cœur, je connois votre goût;
Il n'eſt aucun plaiſir pour vous, ſi l'on ne f....
Abandonnez-vous donc à votre humeur lu-
    brique,
Et mêlant l'Etranger avec le Domeſtique,
Le Prince, le Bourgeois, & les premiers
    venus,
F...tez, f...tez, Madame, à c...lons rabattus.

SCENE II.

La Comteſſe d'Olonne devient amou-
reuſe du Comte de Guiche, & conſulte
la Comteſſe de Fieſque.

ARGENIE, GELONIDE.

ARGENIE.

Vous ne croiriez jamais, aimable Gélonide;
Que pour prendre un Amant je fuſſe encore ti-
    mide?

Cependant je balance à recevoir le cœur

D'un garçon de vingt ans, d'un aimable vainqueur,

Qui me dit chaque jour qu'il m'aime & qu'il
   m'adore,

Vous le connoissez bien, c'est le charmant
   Bigdore;

Qui véritablement, en ressentant nos coups,

N'a pas eu de sujet de se plaindre de vous.

Le croyez-vous mon fait? est-il homme solide?

Vous m'entendez fort bien, ma chere Gélonide?

GELONIDE.

Madame à tout ceci, d'honneur, je n'entends
   rien.

ARGENIE.

Je parlerai plus clair: ce garçon f... il bien?

GELONIDE.

Que dites-vous, Madame? Ah! l'horrible langage!

ARGENIE.

Ne le parlez-vous plus depuis votre veuvage?

GELONIDE.

Moi, je dis tout au plus de mots à double sens.

ARGENIE.

Comment nommez-vous donc un v.. en mots dé-
   cens?

GELONIDE.

Si je nommois cela, je dirois une pine.

ARGENIE.

Ayant le v..au c.., vous m'avez bien la mine
De l'y laisser plutôt jusqu'à demain matin,
Que d'oser pour l'ôter, le toucher de la main.
Mais quittons ce propos : chacun f... à sa guise,
Bannissons les façons, parlons avec franchise ;
Que me conseillez-vous sur ce nouveau f......r ?

GELONIDE.

On ne prend là-dessus avis que de son cœur :
Pour moi j'ai cru le mien, croyez-en donc le vôtre,
Il vous conseillera beaucoup mieux que tout autre.

ARGENIE.

Le mien sur ce f.. teur ne me dit rien de bon,
Et mille gens m'ont dit qu'il n'aimoit pas le
c..,
Au contraire, on m'a dit qu'il est de la man-
chette,
Et que faisant semblant de le mettre en le-
vrette,
Le drôle en vous parlant toujours de grand
chemin,
Comme s'il le trompoit, enfiloit le voisin,
Par inclination, c'est un branleur de p que.

A 6

GELONIDE.

Et qui cherche le c.. par pure politique:

ARGENIE.

Que dites-vous, Madame; & comment parlez-
vous ?

GELONIDE.

On apprend à hurler aux bois avec les loups.

ARGENIE.

Je fuis de votre avis , Madame , je l'approuve ;
Mais je fuis la brebis pour f..tre , & vous la
Louve.

SCENE III.

*La Comtesse d'Olonne, amoureuse du
Comte de Guiche, l'appelle.*

Parodie du Cid.

ARGENIE, BIGDORE.

ARGENIE.

A Moi, Comte, deux mots.

BIGDORE.

Parle.

ARGENIE.

Ote-moi d'un doute :
Connois-tu bien le c..?

BIGDORE.

Oui.

ARGENIE.

Parlons bas, écoute ;
Sais-tu bien qu'il vaut mieux mille fois que le cu,
Qu'en tous lieux on t'appelle un B..gre, le sais-
tu ?

BIGDORE.

Tels difcours font tenus par Dames méprifées.

ARGENIE.

Non , non, nous favons bien tes hiftoires paffées.

BIGDORE.

A quatre pas d'ici je t'en éclaircirai.

ARGENIE.

Jeune préfompteux.

BIGDORE.

Je fuis jeune , il eft vrai ,

A peine ai-je vingt ans , mais aux c.... les bien

nées ;

La valeur n'attend pas le nombre des années.

ARGENIE.

De t'attaquer à moi qui t'a rendu fi vain ,

Toi qu'on ne vit jamais le v.. roide à la main ?

BIGDORE.

Je n'ai , jufqu'à préfent , jamais trompé de Belles ,

Et ton c.., fi tu veux , en faura des nouvelles.

ARGENIE.

Sais-tu bien qui je fuis !

BIGDORE.

Oui , tout autre que moi ,

Au feul bruit de ton nom pourroit trembler d'ef-

froi.

Mille & mille f.....rs crêvés à ton fervice ,

Semblent me préfager un femblable fupplice.

J'attaque en téméraire un c .. toujours vainqueur,

Mais j'aurois trop de force, ayant affez de cœur :

A qui f... Argenie il n'eft rien d impoffible,

Ton c.., eft invaincu, mais non pas invincible,

ARGENIE.

La grandeur qui paroît aux difcours que tu tiens,

Par tes yeux chaque jour fe découvroit aux miens ;

Et croyant voir en toi l'honneur de la jeuneffe,

Mon cœur te deftinoit en fecre fa tendreffe.

Il eft vrai que le bruit de ton peu de vigueur

Avoit ; non fans raifon, ralenti mon ardeur ;

Mais puifqu'il eft certain, & qu'enfin tu m'affures

Que tout ce qu'on a dit eft autant d'impofture,

Je viens t'offrir mon c .. m'abandonner à toi,

Et me faire un plaifir de recevoir ta foi.

SCENE IV.

Le Comte de Guiche en veut jouir ; il se trouve impuiſſant , & veut s'excuſer, en diſant.

BIGDORE.

MAdame , pardonnez à ce triſte accident.
Il vient de trop d'amour.

ARGENIE,

Ah ! ne m'aimez pas tant.
Si votre trop d'amour cauſe votre impuiſſance,
Honorez-moi Seigneur , de votre indifférence ;
mais puiſque le deſtin vous à fait pour les culs,
Pourquoi diable ſonger à faire des cocus ?
Apprenez , apprenez enfin à vous connoître ;
Sortez , ou je vous fais jetter par la fenêtre.

SCENE V.

*Le Comte de Guiche, après avoir ra-
conté son aventure à Manicamp, son
Giton, il lui dit.*

BIGDORE.

Saisi du plus juste dépit,
Je voulois me couper le v..
Ma résolution fut vaine :
Le cruel auteur de ma peine,
Que la peur avoit tout glacé,
Tout malotru, tout replissé,
Etoit allé chercher son centre,
Et s'étoit sauvé dans mon ventre,
Ne pouvant donc rien faire à ce b.. gre dev...,
Voilà ce qu'à peu près ma colere lui dit :
Toi, qui fais le vaillant quand tu ne vois per-
    sonne,
Et sur la foi duquel est fou qui s'abandonne,
Infâme traître, à qui je peux donner le nom
D'une partie honteuse, avec juste raison ;

Toi, qui ne pris jamais les gens que par derriere ;
Et par qui je reſſemble au Maréchal mon pere,
Dis-moi pourquoi la peur t'a ſi fort raccourci,
Que t'ai-je fait, ingrat ; pour me traiter ainſi ?
Mais le lâche, l'œil morne & la tête baiſſée,
Sembloit ſe conformer à ma triſte penſée :
C'étoit du tems perdu que lui rien reprocher ;
Il étoit à ma voix auſſi ſourd qu'un rocher.

SCENE VI.

Le Comte de Guiche retourne à la Com-
teſſe d'Olonne, s'en acquite à ſon
honneur, elle lui dit.

ARGENIE.

JE reconnois, Seigneur, que j'étois dans l'abus
Or qu'aimez-vous le mieux, ou des c.. ou des
    cuis ?
A préſent vous avez de tous deux connoiſſance.
BIGDORE.
Je fais des c.. aux culs beaucoup de différence,
Et ſi, juſqu'à préſent, j'ai mieux aimé les culs,

Reine, c'eſt que les c.. ne m'étoient pas connus.
Si faut-il convenir qu'on n'en peut voir un autre ;
Plus haut, ni plus brulant, plus charmant que le
     vôtre.
N'eſt-il pas vrai, mon cœur ?

ARGENIE.

       Je crois, ſans vanité ;
Qu'il n'en eſt pas beaucoup de cette qualité ;
Les enfans n'en ont pas fort ouvert le paſſage :
Et tout le monde y trouve un air de pucélage.

Fin de la Piéce.

STANCES.

Demandes.

CEs petits c.. dont on fait fête,
Où le v.. ne met pas la tête,
N'affouviffent point mon défir;
J'aime les c.. de belle marge
Ces grands c.. qui font gros & large,
Où je m'enfonce à mon plaifir.

Réponfes.

Ces grands c.. dont vous faites fête,
Qui ont Oreilles & double crête,
Ne me viennent point à plaifir;
J'aime ces c.. de fine large
Qui s'étendent quand on les charge
Comme un gand qu'on donne à choifir.

D. Les c.. fi étroits de clôture,
Mettent un v.. à la torture,
Et le laiffent fans mouvement,
J'aimerois mieux branler ma pique
Que de f.. tre en paralitique,
Le plaifir git au remuement.

R. F'y de ces c.. à toutes felles,
Qu'on divife en tant de Parcelles,
Où l'on ne voit jour n'y clairté;
Je crois qu'en pareille machine
Un petit v.. à foible échine,
Se trouveroit bien écarté.

D. Dans le grand c.. de ma Maîtreffe
Mon v.. peut montrer fon adreffe,

Aller le trot , aller le pas ,
Chercher partout son avantage
Et monter d'étage en étage ,
Maintenant haut , maintenant bas.

    R. Je n'aime point ces grand fandaffes
Qui font faites comme befaces ,
Qu'on peut remplir des deux côtés ,
Volontiers le malheur affemble ,
Et le c .. & le cul emfemble
Quand les entre-deux font ôtés.

    D. Comme le Monarque des Perfes ,
J'adis , Pour les faifons diverfes ,
Avoit différentes maifons ,
D'un v .. la Majefté fuprême
Dans un grand c .. peut tout de même
Se loger en toutes faifon.

    R. Toujours ces puantes cavernes ,
Ont affés de fauffes poternes
Qui n ont ni route ni fentier ,
Il m'eft avis que mon v .. entre
Tout debout dans un large centre ,
Comme un pilon dans un Mortier.

    D. F .. tre des c .. de ces Pucelles ,
Serrés comme des Efcarcelles ,
Où le v .. n'eft en liberté ;
J'ai dans celui de ma voifine
Ma Chambre, anti-chambre & cuifine ;
Logis d'Hiver , logis d'Eté.

    R. Ne me parlés de vos voifines
Qui dans leurs c .. ont des Cuifines ,
Des Chambres & des Cabinets ,
Ce font écuries , où fales ,
Où jeu de paulmes où lieu plus fale ,
Dont les trous ne font jamais net.

CHANSON,

Sur l'Air : *Du Tabac en Poudre.*

UN jour le malheureux Lifandre,
Pouffé d'un Amour indifcret
Attaqua Cloris en fecret
Qui ne pouvoit plus fe deffendre,
Tout favorifoit fon amour,
L'Aftre qui nous donne le jour
Alloit porter fon feu dans l'onde,
Et cet ennemi de Cypris
Ne laiffoit de lumiéres au monde
Que dans les beaux yeux de Cloris.

Avec un amoureux filence
Dans un fecret appartement,
Elle fupportoit doucement
Son amour, & fa violence,
Ses bras qu'elle veut avancer
Ne fervent à le repouffer,
Que pour l'attirer d'avantage,
Elle le fouffre à fes genoux
Et n'a pas même le courage
De lui dire que faites vous.

Avec un œuil doux & févére
Elle envifageoit fon amant,
Et lui montroit confufément
De l'Amour & de la colére,
Lifandre, dit-elle, tout bas
Retirez-vous, ne penfés pas

Que je contente vôtre-envie,
Cessez d'attaquer mon honneur,
Où commencez d'avoir ma vie
Comme vous avez eu mon cœur.
   Mais Lisandre si peu timide
Qu'il étoit beaucoup amoureux,
Imprima l'ardeur de ses feux,
Sur les bords de sa bouche-humide
Il glissa sa brûlante main
Sur la neige de son blanc sein,
Dont il prétend fondre la glace,
Et la tenant entre ses bras,
Il osa porter son audace
Dans un lieu plus saint, & plus bas.
   La, sans respect, & sans relache
Il cherche l'objet de ses vœux,
Et trouve ce lieu bienheureux,
Dessous la juppe qui le cache,
De ses doits tremblants & hardis
Il prend le sombre Paradis,
Qui donne l'enfer à nos Ames,
Le trône vivant de l'amour
Où parmi les feux, & les flâmes
L'on na jamais trouvé le jour.
   Attachez bouche contre bouche
Tous deux étroitement unis,
Il branle si fort Cloris
Qu'il la jetta sur une couche,
Elle avoit les yeux languissants
Demi vifs & demi mourant,
Elle feignit d'être pâmée,
Et dans un si prompt changement
Elle ne parut animée,
Que par des soupirs seulement.

Avoir fa gorge toute nue
Son corps tout au long étendu ;
L'on eût dit qu'elle avoit perdu
Sa pudeur & fa retenue ,
Que fa conftance étoit à bout ,
Que fon Lifandre pouvoit tout.
Et qu'elle l'eût laiffé tout faire ;
Mais par un accident fâcheux
Ne pouvant pas fe fatisfaire
Il ne fe paffa rien entr'eux.

    Prêt de goûter mille délices ;
Ce trifte & malheureux amant
Vit changer fon contentement
En de très rigoureux fuplices ,
Il étoit couché fur Cloris
Lorfqu'il demeura tout furpris
D'une infortune fans feconde ,
Et que pour le combler d'ennuis ;
Ce qui donne la vie au monde
Demeura mort & froid en lui.

    Cet arc boûtant de la nature ,
Ce principe de mouvement
Immobille & fans fentiment ,
Perd fa vigueur & fa figure ,
Lifandre à beau le tourmenter
Il a beau le folliciter ,
Et lui préparer des amorces ,
Mais hélas ! il l'excite en vain,
Car loin de reprendre fes forces
Il lui ploya dedans la main.

    Dans cette cruelle avanture ,
Trifte , défefpéré , confus ,
Ce pauvre amant ne fongea plus
Qu'à renoncer à la nature ,

Dans

Dans la fureur de ses transports
Craignant que malgré ses efforts
On ne l'accuse d'Impuissance,
Il prend par un air languissant
Des témoins de son innocence ;
Sur le crime auquel il consent.

    Cependant Cloris revenue
De ce saint Assoupissement,
Porta ses deux mains promptement
Dessus sa cuisse toute nue,
Là ! Par dessein, ou par hazard,
Elle empoigna ce Dieu Camard,
Ce chaud Priape de la fable,
Mais le sentant froid & rempant
Elle crut que c'étoit un Diable,
Sous la figure d'un serpent.

    Jamais une jeune bergére,
Ne retira si promptement
Sa main, qui trouve innocemment ;
Un Aspic, dessous la fougére
Que Cloris fit, sa belle main,
Dessus ce membre lâche & vain,
Qu'elle toucha dessous sa robbe
Poussée d'un juste dépit,
Elle se léve, & se dérobe
Des bras de Lisandre & du lit.

    Dans la colére qui l'emporte
Elle pousse ce pauvre amant,
Et sans l'écouter seulement
Se dispose à gagner la porte,
Lorsque Lisandre à ses genoux
Lui dit ; Cloris que faites vous,
Ah ! Du moins écoutés ma plainte
Et regardez dans mon malheur,

B

Toutes les plus vives atteintes
De l'Amour, & de ma douleur.
   Ma chére Cloris je vous aime
Plus que les délices des Cieux,
Plus que les hommes & les Dieux
Et mille fois plus que moi - même ;
Je brûle d'une vive ardeur,
Et cette nouvelle froideur
Ne vous doit pas sembler étrange ;
Je sai bien comme il faut aimer,
Mais pour m'ôter des bras d'un Ange
Un diable est venu me charmer.
   Quelqu'ennemi de la nature
Trouble mes sens ; & ma raison ;
Et de son funeste poison
Souille une ame tout-à-fait pure ;
Peut-être aussi, font-ce les Dieux
Qui se voyant moins glorieux,
M'ont voulu rendre misérable
Mais que dis-je ! Ils font innocens ;
Cloris elle seule, est coupable
Elle seule a charmé mes sens.
   C'est sa beauté qui dans mon ame
A joint le respect à l'amour,
C'est ses yeux plus beaux que le jour
Qui font naître, & mourir ma flâme ;
Heureux dans ma captivité,
 Si j'osois avec liberté
Jouir d'une grace imprévue ;
Et tous mes sens transportés,
Il ne me reste que la vue,
Pour admirer tant de beautés.
   Quoiqu'il en soit, mon adorable ;
Avant que de quitter ces lieux

Souffrez que je perce à vos yeux
Un cœur fidèle & miserable ;
Je veux expier en mourant
Un crime si noir & si grand ;
Qui choque la nature même,
Et que pour venger vos appas
Ma mort vous témoigne que j'aime ;
Puisque ma vie ne le peut pas.

Il alloit parler d'avantage
Pour exprimer son désespoir,
Et peut être qu'il eût fait voir
De sanglans effets de sa rage ;
Lorsque l'arrêtant par le bras,
Cloris lui dit : ne parlez pas,
J'entends quelqu'un qui se promene ;
Et je vois avec un grand bruit
Porter dans la chambre prochaine
Les sombres flambeaux de la nuit.

Soudain une voix entendue
Redoubla son étonnement,
Et lui fit dire promptement ;
Cher Lisandre je suis perdue !
Ha ! cessez de me retenir,
C'est mon mari qui va venir ;
Je l'entends, il est à la porte ;
Il faut toujours craindre un jaloux ;
Et vous dont la vigueur est morte,
Comment lui résisteriez-vous ?

Lors cette belle transportée
D'amour, de crainte & de souci ;
Mena notre amoureux transi
Près d'une fenêtre écartée :
Là, sans beaucoup de compliment
Il se glissa légérement

Et descendit dedans la rue ,
Où pressé d'un mortel ennui ,
Il fit long-tems le pied de grue ;
Et puis se retira chez lui.
    Frappé de la funeste envie
Qui fait la honte & les remords ;
Il souffrit plus de mille morts ,
Du dernier malheur de sa vie.
Quoiqu'alors les jours fussent grands ;
Cette nuit lui dura mille ans ,
Il ne put fermer la paupiere ;
Sur le point du jour seulement ,
Honteux de revoir la lumiere ,
Il la ferma languissamment.
    Le Soleil qui chasse les ombres
Et toutes les horreurs des nuits ,
Loin de dissiper ses ennuis ,
Les rendit plus noirs & plus sombres :
Quand il vit le pere du jour ,
Il crut , par un excès d'amour ,
Voir de Cloris la vive image ;
Mais il connut dans un moment ;
Comme Ixion dans le nuage ,
Que son amour n'étoit que vent.
    Après mille secretes gênes ,
Cet Amant , par un digne effort ,
Résolut de chercher la mort ,
Ou bien le remède à ses peines.
Ha ! je ne crains plus mon malheur ;
Je mourrai , dit-il , de douleur ,
Où je réparerai ma gloire ,
Et quoi qu'il en soit dans ce jour ;
Je remporterai la victoire
Ou de la mort ou de l'Amour.

Le bouillant defir qui le preffe
Fait que d'abord après-dîner
Il fort , & va fe promener
Près du logis de fa maîtreffe ;
A peine y fut-il un moment
Qu'il en vit fortir Dorimant ,
Le vieux Mari de cette Belle ;
Et fe gliffant dans fa maifon ,
Il alla chercher auprès d'elle ,
Ou fa mort ou fa guérifon.

Par une fecrete avenue
Il fut dans fon appartement ,
Et la trouva nonchalâment
Dormant fur fon lit étendue.
Mais Dieux ! que devint-il alors ?
En approchant de ce beau corps ,
Il eut des mouvemens étranges ;
Lorfqu'une cuiffe à découvert
Lui fit voir la beauté des Anges ,
Et le Ciel de l'Amour ouvert.

Dans cette agréable furprife ,
Où Cloris n'avoit pas fongé ,
Elle avoit affez mal rangé
Et fes jupons & fa chemife.
Lifandre auffi trop curieux ,
Vit lors les délices des Dieux ,
La perte & le plaifir des hommes ,
Notre tombe & notre berceau ,
Ce qui nous fait ce que nous fommes ,
Et ce qui nous brûle dans l'eau.

Nid branlant qui nous fert de mue ,
Afyle où l'on eft en danger ,
Raccourci qui fait allonger
La chofe la moins étendue.

Sort qui se donne & qui se prend ;
Œil ouvert qui rit en pleurant ,
Bel or , beau corail , belle ivoire ,
Doux canal de vie & de mort ,
Où pour acquérir de la gloire ,
On fait naufrage dans le port.

Petit trésor de la nature ,
Etroite & charmante prison ;
Doux tyran de notre raison ,
Vive & mourante sépulture ;
Autel que l'on sert à genoux ,
Dont l'offrande est le sang de tous ;
Sangsue avide & libérale ,
Roi de la honte & de l'honneur ;
Permettez que ma plume étale
Ce que Lisandre eut de bonheur.

Beau composé , belle partie ;
Je sçais bien que lorsqu'il vous vit ;
Il n'observa dessus ce lit
Ni l'honneur , ni la modestie.
Mais d'amour & de charité ,
Il couvrit votre nudité
Pour faire évaporer sa flâme ,
Et savoura tous les plaisirs
Que le corps fait sentir à l'ame
Dans le transport de nos desirs.

Ce beau Dédale qu'il contemple
Avec des yeux étincellans ,
Fait naître & couler dans ses sens
Une ardeur qui n'a point d'exemple :
Le feu qui consume son cœur ,
Porte par-tout sa vive ardeur ,
Et brille enfin sur son visage ;
Et ce lâche de l'autre jour ,

Se roidiſſant d'un fier courage,
Ecume du feu de l'amour.
   Plein d'ardeur , d'audace & de joie ;
De remporter un ſi beau prix ,
Le galant ſauta ſur Cloris
Comme un Faucon deſſus ſa proie.
Quand cette belle ouvrant les yeux ;
Vit Liſandre victorieux
Forcer ſes défenſes ſecrettes ,
Et la tenant par les deux bras ,
Entrer, tout fier de ſes conquêtes,
En un lieu qu'on ne nomme pas.
   Tandis que Cloris ſe tourmente
Par de doux & puiſſants efforts ,
Et qu'elle agite tout ſon corps
Pour ſauver ſa vertu mourante ;
Son heureux Liſandre aux abois
Roule les yeux , & perd la voix ;
L'amour fait écouler ſon ame ,
Elle eſt toute prête à partir ;
Il s'étend , il dort , il ſe pâme ,
Il ne ſent rien pour trop ſentir.
   Après que ſon ame ravie
De l'excès d'un plaiſir ſi grand ,
Eut par un ſoupir tout brûlant
Donné des ſignes de ſa vie ;
Cloris avec ſa belle main
Ota la bouche de ſon ſein ,
Où ſon amant l'avoit collée ;
Et ſe déchargeant peu à peu ,
Honteuſe de ſe voir mouillée ,
Eſſuya l'eau qui naît du feu.
   Après une colère feinte
De tout ce qui s'étoit paſſé ,

Un reste d'honneur offensé
Porta Cloris à cette plainte :
Ha ! dit-elle , c'est fait de moi.]
J'ai fauffé l'honneur de la foi ,
Vous me perdez , cruel Lifandre ,
Faut-il que , malgré mon devoir ,
J'aie en un moment laiffé prendre
Ce qu'on ne peut jamais ravoir.

Mais fi pour une faute extrême
On peut trouver quelque couleur,
Je puis dire dans mon malheur
Que j'ai failli parce que j'aime.
L'Amour, ce maître impérieux ;
Force les Hommes & les Dieux ,
Brûle jufqu'aux poiffons dans l'onde ;
Nul ne peut éviter fes coups ,
Et puifque tout aime en ce monde,
Je puis brûler d'amour pour vous.

C'eft avec raifon que mon ame
Reçoit l'amour d'un Favori ;
Ces noms de *Vieux* & de *Mari*
Font l'horreur d'une jeune femme :
Les Maris , ces lâches Tyrans ,
Ne fe font faits nos conquérans
Que contre le droit de nature ,
Et c'eft en pratiquer la loi ,
D'aller chercher la nourriture
Que l'on ne trouve pas chez foi.
· Mai les hommes font infidèles ;
Il n'aiment jamais plus d'un jour ,
Et fouvent de tout leur amour
Ils ne retiennent que les aîles,
Efclaves de la liberté ,
Il font voir leur légéreté

Dans leur gefte, ou dans leur langage;
Et par un plaifir indifcret,
Ces oifeaux fortant de la cage,
Vont conter tout ce qu'ils ont fait.

Trop jufte & trop aimé Lifandre,
S'il en étoit ainfi de vous,
Je percerois de mille coups
Ce cœur qui s'eft laiffé furprendre:
J'ai tout perdu pour vous gagner,
Voudriez-vous pour me ruiner,
Eventer ma fecrete flâme!
Et tirerez vous vanité
De la foibleffe d'une femme,
Et de votre légéreté?

Ha! que plutôt la mort m'avienne,
Cria Lifandre à ce difcours,
Pour en interrompre le cours,
Il mit fa bouche fur la fienne;
L'élevant de terre, il la prit,
Et la coucha deffus le lit,
Où je ne fçais pas ce qu'ils firent,
Je crois bien qu'ils firent cela . . . .
Puifque les Amours qui les virent
M'ont dit que le lit en trembla.

Ce fut alors qu'ils fe pâmerent
De l'excès d'un plaifir fi grand,
Que cinq ou fix fois ces Amans
Moururent & reffufciterent;
Que bouche à bouche, corps à corps,
Tantôt vivans & tantôt morts,
Leurs belles ames fe baiferent,
Et que par d'agréables coups

Leurs beaux corps se communiquerent
Tout ce que l'amour a de doux.
    Muses, n'échauffez point ma veine ;
De grace arrêtez-vous un peu,
Vous m'inspirez un autre feu
Que celui de votre Fontaine ;
Je ne sçais quoi dedans mon cœur,
Se glisse avec tant de douceur,
Que je suis forcé de me rendre.
Ah ! Cloris, quand je m'en souviens,
Je m'imagine être Lisandre,
Et me semble que je vous tiens.

O D E.

A PRIAPE

PAR L'ABBE' PIRON.

F..tre des neuf garces du pinde,
F..tre de l'amant de Daphné,
Dont le flasque v.. ne se guinde
Qu'à force d'être patiné,
C'est toi que j'invoque à mon aide
Toi qui dans les c..d'un v..roide
Lance le f..tre à gros bouillons,
Priape soutiens mon haleine,
Et pour un moment dans mes veines
Porte le feu de tes c...llons.

Que tout bande que tout s'embrasse,
Accourez putains & ribauds
Que vois-je, Où suis-je, O douce extase
Les Cieux n'ont point d'objets si beaux,
Des c..lles en bloc arrondies
Des cuisses fermes & rebondies
Des bataillons de v.. bandés
Des culs ronds sans poil & sans crottes,
Des c.. des tetons & des mottes,
Des torrens de f.. innondés.

Restez, adorables images,
Restez à jamais sous mes yeux,
Soyez l'objet de mes hommages,
Mes législateurs & mes Dieux,

Qu'à Priape on éleve un Temple,
Que toutes les garces contemplent
Au gré des vigoureux f.. teurs,
Le f..tre y servira d'offrandes,
Les poils de c..lles, de guirlandes;
Les v.. de sacrificateurs.

Aigle, Balaine, Dromadaire,
Infectes, animal, hommes, tout,
Dans les Cieux, les eaux, sur la terre,
Tout annonce que l'on f...;
Le f..tre tombe comme grêle,
Raisonnables, ou non, tous s'en mêlent,
Le c.. met tous les v.. en rut,
Le c.. du bonheur est le gage
Les gros v.. quand ils sont en cage,
Mais hors du c.. point de salut.

Que l'or, que l'honneur vous chatouille,
Sots avares, vains conquérans,
Vive les plaisirs de la c..lle,
Et f..tre des biens & des rangs,
Achille aux rives de Scamandre,
Pille, ravage, met tout en cendres,
Ce n'est que feu, que sang, qu'horreur,
Un c.. paroît, passe-t-il outre;
Non, je vois bander mon j.. f..tre,
Et ce héros n'est qu'un f..teur.

Quoique plus gueux qu'un rat d'égl'se,
Pourvu que mes c...llons soient chauds,
Et que le poil de mon cul frise,
Je me f.. du reste en repos,
Grands de la terre l'on se trompe,
Si l'on croit que de vôtre pompe
Jamais je puisse être jaloux,
Faites grand bruit, vivez au large,

Quand j'enconne & que je décharge,
Ai-je moins de plaisir que vous.
    De f .. teurs la fable fourmille,
Le soleil f .. l'Eucôtaé,
Cinir f .. sa propre fille,
Un taureau f .. Pasiphaé,
Pigmalion f .. sa Statue,
Le brave Ixion f .. la nue,
On ne voit que f .. tre couler,
Le beau Narcisse pâle & blême,
Brûlant de se foutre lui-même,
Meurt en tâchant de s'enculer.
    Socrate, direz-vous, ce sage,
Dont on vante l'esprit divin,
A vômi peste & rage
Contre le sexe féminin,
Mais pour cela le bon apôtre
N'en a pas moins f .. tu qu'un autre,
Interprêtant mieux ses leçons,
Contre le sexe il persuade ;
Mais sans le cul d'Alcibiade,
Il n'eut pas tant médit des c ..
    Mais voyons ce brave Cinique,
Qu'un bougre a mis au rang des chiens,
Se branler gravement la pique
A la barbe des Athéniens,
Rien ne l'émeut, rien ne l'étonne
L'éclair brille, Jupiter tonne,
Son v .. n'en est pas démonté
Contre le Ciel sa tête altière,
Au bout d'une courte carriere
Décharge avec tranquillité.
    Cependant Jupin dans l'olimpe,
Perce des culs, bourre des c ..

Neptune au fond des eaux y grimpe,
Nimphes, Sirennes & Tritons,
L'ardent f.. teur de Proserpine
S'emble dans sa c ... lle divine
Avoir tout le feu des enfers,
Amis jouons les mêmes farçes
F.. tons tant que le c.. des garçes
Nous f.. te enfin l'ame à l'envers.

    Tiséphone, Alecto, Megére,
Si l'on f.. toit encor chez vous,
Vous Parques, Caron & Cerbére
De mon v.. vous tâteriez tous,
Mais puisque par un sort barbare
L'on ne bande plus au Tenare,
Je veux y descendre en f.. tant;
Là mon plus grand tourment sans doute
Sera de voir que Pluton f.. te,
Et ne pouvoir en faire autant.

    Redouble donc tes infortunes,
F.. tu sort, sort plein de rigueur,
Ce n'est qu'à des ames communes
Que tu peux leur f.. tre malheur,
Mais la mienne que rien n'allarme;
Plus ferme que le v.. d'un Carme,
Rit des maux présens & passés,
Qu'on me méprise qu'on me détefte
Que m'importe mon v.. me refte,
Je bande, je f..., c'est affez.

CHANSON.

Sur la maniere de se conduire chaque jour de la semaine.

Sur l'Air : *Nous nous marierons Dimanche*,

Qui veut patiner,
Foutimasser,
Tout le long de la semaine
Va le Lundi
Chez la Pâris
Enguaine ;
Ceux qui y vont
Prennent des c..
Sans peine,
Mais prends garde à toi,
Dessus ma foi,
La vérole y est certaine.
Le Mardi matin,
Chez la Payen,
Tu peux faire une visite ;
La Saint-Agnant,
Vient à l'instant
Ensuite,
Son flasque c..
Grand & barbon

S'irrite,
Un coup de poignet
Fait son effet,
En payant l'on vous en quitte.
   Et le Mercredi
Avec un ami,
Chez la Dupont l'on passe,
Sur tous ces c..
Ma foy faisons
Main basse,
L'un est chancreux,
L'autre baveux
Grimace,
Faisons bien du Bruit
Avec mépris,
Et rabaissons son audace.
   Le Jeudi au soir
Il faut aller voir,
La gracieuse Ermence;
Les filles y sont
Sur le bon ton.
On danse,
Et du souper
Jusqu'au coucher
Bombance.
La nuit l'on y f..:
Des cinq à six coups,
Sans augmenter la dépense.
   Si le Vendredi
Ton v.. se roidit,
Il a besoin de secousse;
Chez la Renault,
La Brianvau
L'on pousse;

La Dumoucher
Sans la prier
Se trouffe ;
On ferre la main,
De nos angins
Tous les poils fe rebrouffent;
  Et le Samedi
Avec mon ami ,
Chez la Cartier je paffe ;
Allons , voyons
F . . tez guenons ,
Et vîte ,
Félicité ,
Votre fierté
M'irrite ,
Allons donc Putain ;
Avec ton air hautain ;
Et prends à l'inftant la fuite.
  Colin ce matin
S'en fut chez Catin ,
Voyant que c'étoit Dimanche;
Elle s'enfuit ,
Deffus fon lit
Se panche ;
Mais le méchant
Au même inftant
L'emmanche ,
Elle n'ofe remuer
Crainte de gâter ,
Sa chemife du Dimanche.

CHANSON

Sur l'Air, *Adieu, paniers, vendanges
font faites.*

Etirez-vous, jeune Lifette,
N'approchez pas tant de mon lit,
Je viens de me branler le v..;
Adieu, paniers, vendanges font faites.
   Quand tu viendras dans ma chambrette,
Je dirai fur le même ton,
L'on vient de me frotter le c..;
Adieu, &c.

Epigramme.

Aux pieds d'un vieil Hermite, un jeune adolefcent ;
Le Carême paffé, dit en fe confeffant,
Que par un accident finiftre,
Dont il avoit bien du regret,
Il avoit trois fois en fecret,
Baifé la femme d'un Miniftre.
   Alors le bon Hermite, homme plein de favoir ;
Dit, de f.. tre une femme eft un péché bien noir,
Quand c'eft cellé d'un Catholique,
Lorfqu'on s'en dit coupable, à l'inftant je frémis
Mais pour celle d'un Hérétique,
Bon, c'eft Autant de pris fur l'ennemi.

Enigme.

Un demi-cercle, un cercle entier,
Deux pilliers joints enfemble,
Un fix romain, un marteau de Sellier;
Font nos plaifirs quand ils font joints enfemble.

CHANSON.

Nous autres, femmes du monde;
D'amour nous fuivons les loix,
Deffus la terre & fur l'onde,
Foutre eft notre unique emploi, *bis.*
   Qu'un militaire me foute;
Mon c.. eft avide & grec,
Il n'en perd pas une goutte,
Et vous met un v.. à fec, *bis.*
   J'ai laffé quatre Gens-d'armes;
Trois Moufquetaires bons-vivans;
Cinq Cordeliers & fix Carmes:
Ah! jugez de mes talens, *bis.*
   Mais s'il vient quelque jocriffe
Bander mollement chez moi,
Je lui fous la chaude-piffe,
Il paie, & je le renvoie, *bis.*
   Ma mere étoit fort gentille,
Elle f.. toit nuit & jour;
Et moi qui tiens de famille;
Je f.. de même à mon tour.
   Quand on prit mon pucelage;
Je n'avois que quatorze ans;

Et pour mon apprentiffage,
Un fot me fit deux enfans.

    Dans un repas agréable,
S'il faut célébrer Bacchus,
Moi, je quitterai la table
Pour facrifier à Vénus.

    Vénus eft notre Déeffe;
Nous l'imitons en tous lieux;
Son c . . & fes belles feffes
L'ont placé au rang des Dieux.

    Une fille que l'on baife,
Eft comme un brafier ardent;
Plus l'on mouille la fournaife,
Plus fon feu eft violent.

    Fille qui joue le fcrupule,
Quand on veut prendre fon con;
Croyez qu'elle diffimule;
Tout bas elle dit, prends donc.

    C . ., cul, tetons, même bouche;
Avec moi l'on peut choifir;
Toute droite, ou qu'on me couche,
Je fais donner du plaifir.

    J'aime bien quand on me couche
Sur le dos pour m'enconner;
Deux doigts de langue dans la bouche;
On ne me fent plus aller.

    Je fuis faite avec du f . . tre,
C'eft de f . . tre que je vis,
Je ne refpire que f . . tre :
Ah ! foutez-moi, mes amis.

    Je fais toutes les poftures
Pour bien retrécir un c . .;
Un v . . de bonne mefure
N'en fauroit trouver le fond.

Que l'aze f..te Bellonne
Qui m'arrache mon rouleur !
Attendrai-je que l'Automne
Me ramene mon fouteur ?

    Non, je ne fuis pas fi dupe
Que de me branler le c..;
Je vendrois plutôt ma jupe
Pour avoir un greluchon.

    Quand je ne pourrai plus f..tre;
Je defcendrai aux enfers,
Où Proferpine, fans doute,
Branle le v.. à Lucifer.

    Caron dedans fa nacelle,
En traverfant l'Acheron,
Croyant que j'étois pucelle,
Me patinera mon c..

    Un de mes plus grands fupplices
Sera de voir que mon c..
Ne donne de chaudes-piffes
Qu'au Royaume de Pluton

    Alors ne pouvant plus f..tre;
L'ennui filera mon cours,
Ne pouvant comme Proferpine,
F..tre les nuits & les jours.

HISTOIRE
DU PATRIARCHE LOTH.

POT-POURRI.

Air, *Approchez vous.*

OR, écoutez, Peuple Chrétien ;
L'histoire d'un homme de bien
Qui descendoit d'un Patriarche,
De celui qui fabriqua l'Arche,
Lorsque Dieu, par son courroux,
S'avisa de les noyer tous.

Air, *Sens devant derriere.*

En s'avisant un bon matin,
Le Tout-Puissant lorgna Sodome,
Et s'avisa, son foudre en main,
D'en griller jusqu'au dernier homme ;
Car dans ces lieux-là ces coquins
S'avisoient, ainsi qu'à Berlin,
Et ces vilains se prenoient tous,
Sens devant derriere, sens devant derriere ;
Et ces vilains se prenoient tous,
Sens devant derriere, sens dessus dessous.

Air, *Une vieille qui roupille.*

Pour appaiser sa colere,
Raphaël prit sa rapiere,
En amorça le tonnerre,
Et l'Eternel prononça :
Depuis trop long-temps je souffre,
Je veux qu'un nuage de soufre,
De la ville fasse un gouffre,
Et grille tous ces gens-là.

Air, *De Cupidon brisons les douces chaînes.*

Dans ce fracas épargnez, je vous prie,
Dieu Tout-Puissant, Loth & sa parenté,
Avec sa femme, s'il en fit la folie,
l'usage du pays l'avoit gâté ;
Et l'on doit bien pardonner dans la vie
Un mouvement de curiosité.

Air, *Sous un Ormeau.*

Au même instant,
Un Ange porté sur un vent,
Part du firmament,
Et fut trouver au galop, Loth.

A I R.

Allez-vous-en, sainte famille,
Dit l'envoyé du Paradis,
Car Dieu veut que de cette ville
Tous les habitans soient rôtis,
Comment rôtis ?
Oui, oui, rôtis,
Allez-vous en, sainte famille,
Dit l'envoyé du Paradis.

Air, *Menuet d'Exaudet.*

J'obéis,
Et je fus,
Car je tremble,
Dit Loth en le réveillant,
Et du doigt défignant
Ceux qu'il veut qu'on affemble ;
Chacun fait
Son paquet,
Et fa femme,
Dans un coin avec ferveur,
Recommande au Seigneur
Son ame :
Le vieillard étoit ivrogne,
Il apportoit du Bourgogne,
Qu'il cacha & céla,
Mais plus fage,
La fille d'un fauciffon,
Qu'elle gardoit, dit-on,
Pour un certain ufage,
Se munit
Et partit ;
La cadette
Fit mettre fur un baudet,
Et feringue & bidet,
C'étoit-là fa toilette,
Un miroir,
Un chaufoir,
Meubles utiles ;
Tous les quatre à pas doublé ;
Marchant le cœur troublé,
Défilent

Air

Air : *Approchez-vous*, &c.

Nos gens à peine étoient hors de la ville,
Qu'on entendit un affreux carillon ;
Madame Loth, esprit fort indocile,
De l'Ange alors oublia la leçon,
  La vieille bête,
  Tourna la tête,
  D'un coup du Ciel,
Devint femme de sel.

Air : *Boire à son tour.*

De cet accident là,
Le bon homme en son ame,
Bientôt se consola ;
Car en perdant sa femme
Il lui restoit maint gros flacons,
Et deux beaux tire, lire, lire,
Et deux beaux toure, loure, loure,
Deux beaux tendrons.

Air : *Des Folies d'Espagne.*

Sous un rocher, au fond d'une caverne,
Le bon papa conduisit ses enfans,
Une vessie en forme de lanterne,
Servoit de guide à leurs pas chancellans.

Air : *A boire, à boire, à boire.*

Là, pour oublier son chagrin,
De vin il fit remplir sa tasse ;
En avalant ce jus divin,
Bientôt tout son souci s'efface.

Sa bonne femme il oublia ;
Dans son transport il s'écria :
A boire, à boire, à boire,
Bannissons l'humeur noire ;
Verse du vin,
Verse tout plein,
Viens, Bacchus, & ton jus divin.

Air : *L'autre jour un vieux radoteur.*
Quand il eut bu cinq à six coups,
Aux yeux du vieux drille,
Sa fille parut gentille,
Quand il eut bu cinq à six coups,
Il dit en passant la main sur ses genoux :
Ton petit, ton petit, ton petit cœur,
Craint-il de se rendre,
Chere enfant laisse-moi prendre
Ton petit, ton petit, ton petit cœur ;
Tes yeux m'ont su rendre toute ma vigueur.

Air : *Dérouillons, dérouillons nos outils.*
Ah ! mon pere,
Ah ! mon pere,
Faut-il que ce soit par nous
Que se repeuple la terre ?
Oui, ma chere,
Oui, ma chere.
Quand vous parlez, Moi, j'obéis ;
Dérouillons, dérouillons,
Mon cher pere ;
Quand vous parlez, Moi, j'obéis ;
Dérouillons, dérouillons
Nos outils.

Air : *Du haut en bas.*
Du bas en haut,
Quand il eut fouragé l'aînée ;
Du bas en haut ,
Quoiqu'il la trouva fans défaut ;
Par cette vieille ame damnée ,
La cadette fut tâtonnée ,
Du bas en haut.

Air : *Finiſſez donc , Mam'ſelle Fanchon.*
Finiſſez donc , mon cher papa ,
Otez vîte , ôtez vîte ,
Finiſſez donc , mon cher papa ,
Otez vîte votre main de-là.

Air : *Il n'a pas pu , &c.*
Tout en pleurant ,
Tout en tremblant ,
L'innocente cadette ,
Défendoit ſes jeunes appas ;
Mais l'autre ayant paſſé le pas ,
L'encourageoit ,
Et lui diſoit :

Air : *Magdelon s'en va à Rome.*
Allons donc , ma ſœur cadette ,
Vîte dépêchez-vous donc ,
Qui ne peche qu'en cachette ,
Eſt toujours ſûr du pardon :
Allons donc , ma ſœur cadette ,
Vîte dépêchez-vous donc.

Air : *L'autre jour à la promenade.*
La pauvre enfant toute hors d'haleine,
Se laiſſoit faire & ſe diſoit tout bas :
Il me ratraperoit ſans peine ,
Si je voulois fuir de ſes bras ,
Il me ratra ,
Il me ratraperoit ſans peine ,
Si je voulois fuir de ſes bras.

Air : *Sans devant derriere.*
Si quelqu'un étoit offenſé
De cette aventure immodeſte ,
Et ſe trouvoit embarraſſé
Comment Dieu permit cet inceſte ;
Demandez-lui quand il viendra ,
Et vous verrez qu'il vous dira :
C'étoit pour accomplir ma loi ,
Qu'en voulez-vous dire ?
En voulez-vous rire ?
C'étoit pour accomplir ma loi ,
Qu'en voulez-vous dire de moi ?

IL ÉTOIT TEMS,

Air : *Ma raison s'en va grand train.*

Tous les Amans de ce jour
Sont perfides en amour :
    J'ai surpris le mien,
    Ce vilain vaurien,
    Avec une Bergere ;
Il ne lui faisoit encore rien ;
    Mais il alloit lui faire,
                    Le chi....!
    Mais il alloit lui faire.

Air : *Et vogue la Galere, &c.*

Ma Maîtresse est volage,
Mon Rival est heureux :
S'il a son pucelage,
C'est qu'elle en avoit deux.
Et vogue la Galere, tant qu'elle ;
    Tant qu'elle, tant qu'elle,
Et vogue la Galere, tant qu'elle
    Pourra voguer.

LE CALCUL,

Air : *Toujours feule difoit Nina.*

Les raifons que les étourdis
Contoient jadis aux Femmes,
Montoient au moins à neuf ou dix ;
Souvent à plus , mes Dames.
Ces beaux complimens d'autrefois
Aujourd'hui font réduits à trois ,
A deux ou un :
Je fais quelqu'un
Qui rend encore ce calcul
Nul.

LA CRAINTIVE
RASSURE'E.

Air : *Il ne faut pas être grand Sorcier, &c.*

Le gros Lucas , fous fon chapeau ,
Cachoit une fauvette ;
Et vîte , vîte prend l'oifeau ,
Difoit-il à Lifette ;
Approche donc , ta main l'aura.
Mais la follette s'écria :
Oui-dà , oui dà , oui dà

Je ne mettrai pas la main là,
            Là, là.
        Oh ! oh ! oh ! Ah ! ah ! ah !
C'est une attrape que cela,
            Là, là.

Lison, Lison, l'oiseau s'en va...?
            S'il s'en va, quel dommage !
Mais en est-ce un ? Oui, le voilà...
            Ah ! j'en vois le plumage :
Qu'il est charmant ! Ne mord-t-il pas ?
Prête-le moi, mon cher Lucas.
        Oui-dà, oui-dà, ouidà,
Voudrois-tu mettre la main là,
            Là, là ?
        Oh ! oh ! oh ! Ah ! ah ! ah !
C'est une attrape que cela,
            Là, là.

Lisette avoit dans un endroit
        Une cache secrette :
Lucas l'entr'ouvrit, & tout droit
        D'abord l'oiseau s'y jette.
Il n'y fut pas, que le voilà
Qui se rengorgeant lui chanta,
        Oui-dà, oui-dà, oui-dà,
Ah ! que je me trouve bien là,
            Là, là !
        Oh ! oh ! oh ! Ah ! ah ! ah !
L'aimable cage que voilà,
            Là, là !

Par quatre fois l'oiseau chanta
Une chanson jolie ;
Trois fois Lisette partagea
Sa douce mélodie.
Mais à la fin il s'enrhuma :
Lucas alors lui répéta,
Oui-dà, oui-dà, oui-dà,
Retirons mon oiseau de-là,
Là, là.
Oh! oh! oh! Ah! ah! ah!
Mon oiseau maigriroit trop là,
Là, là.

L'AGE D'OR.

Air : *Tout de fil en aiguille.*

ON voit dès le deuxieme
Pâlir un tendre Amant ;
Il s'endort au troisieme,
Jugez du quatrieme.
Autrefois le cinquieme
N'étoit que jeu d'enfant ;
On trouvoit au sixieme
Un prétexte au septieme.
Cet heureux tems, ma chere,
Le verra-t-on encore ?
Combien, depuis cet age d'or,
Le monde dégénere !

RONDE GRIVOISE,

Air : *Relan, tanplan, tire lire.*

A Deux genoux ma Fanchon,
En plein, plan, relan, tanplan,
   Tire, lire en plan ;
A deux genoux ma Fanchon,
Votre Amant vous admire,

Votre Amant vous admire ;
Relan, tanplan, tire lire.
   Soyez Flore, ma Fanchon ;
En plein, plan, &c.
   Soyez Flore, ma Fanchon,
   Moi je ferai Zéphire.

Moi je ferai Zéphire ;
Relan, tanplan, tire lire.
Nous coucherons fur l'gazon,
En plein, plan, &c.
Nous coucherons fur l'gazon,
Parfemé de porphire.

   Parfemé de porphire,
Relan, tanplan, tire lire.
Je vous ferois une chanfon
En plein, plan, &c.
Je vous ferois une chanfon,
   Si je favois écrire.

Si je savois écrire,
Relan, tanplan, tire lire.
En attendant baisez-moi donc;
En plein, plan, &c.
En attendant baisez-moi donc...
Oh! ça vous plaît à dire.

Oh! ça vous plaît à dire;
Relan, tanplan, tire lire.
Quoi! vous ne m'aimez donc plus ? Non.
En plein, plan, &c.
Quoi! vous ne m'aimez donc plus? Non.
Eh! bien je me retire.

Eh! bien je me retire,
Relan, tanplan, tire lire.
L'Empire de Cupidon,
En plein, plan, &c.
L'Empire de Cupidon
Est un bien chien d'Empire.

Est un bien chien d'Empire,
Relan, tanplan, tire lire.
Il faut être bien Dindon,
En plein, plan, &c.
Il faut être bien Dindon,
Quand sous l'y l'on soupire.

Quand sous l'y l'on soupire;
Relan, tanplan, tire lire.

Avant de vous quitter, Guenon,
En plein, plan, &c.
Avant de vous quitter, Guenon,
J'ons deux mots à vous dire.

J'ons deux mots à vous dire,
Relan, tanplan, tire lire.
Rendez-moi Robes & Jupons,
En plein, plan, &c.
Rendez-moi Robes & Jupons,
Ou bien je les déchire.

Ou bien je les déchire,
Relan, tanplan, tire lire,
On vous verra le croupion,
En plein, plan, &c.
On vous verra le croupion,
Ç'a me fera bien rire.

L'AMOUR APOTHICAIRE,

Pour fléchir une None auſtere,
Le Malin petit Amour,
Ayant deſſein un jour
D'uſer d'un nouveau détour,
Prit l'habit d'un Apothicaire :
En ſeringue, après cela,
Son carquois, qu'il toucha,
Se changea.

C ij

La None, en couvrant son derriere,
Dit : donnez-moi sagement
Ce benin Lavement,
Par le trou de ce drap blanc,
Dès qu'il entra,
D'abord elle s'écria :
Ah :
Prenez-garde, il est bien là.

Mon Dieu ! je ne sais où vous êtes,
Mais, quelle agréable ardeur !
Je sens que la chaleur
Me pénétre au fond du cœur.
Mon enfant, quel bien vous me faites !
Je me trouve beaucoup mieux,
L'effet est merveilleux,
J'en veux deux.

AVIS

A LA BELLE

JEUNESSE;

Air : *Boire à son tire, lire, lire, &c.*

IL faut s'aimer toujours,
Et ne s'épouser guères;
Il faut faire l'amour
Sans Curé, ni Notaire.
  Cessez, Messieurs,
  D'être Epouseurs :
N'visez qu'au tire, lire, lire;
N'visez qu'au toure, loure, loure;
  N'visez qu'aux cœurs.

C'est à l'Opéra, crac;
Que les gens se marient:
C'est dans le cul-de-sac,
Que les Bancs se publient.
  Cessez Messieurs,
  D'être Epouseurs :
N'visez qu'au tire, lire, lire;
N'visez qu'au toure, loure, loure;
  N'visez qu'aux cœurs.

Pourquoi se marier ;
Quand les femmes des autres
Ne se font pas prier,
Pour devenir les nôtres.
Quand leurs ardeurs ,
Quand leurs faveurs
Cherchent nos tire , lire , lire ,
Cherchent nos toure , loure , louré
Cherchent nos cœurs.

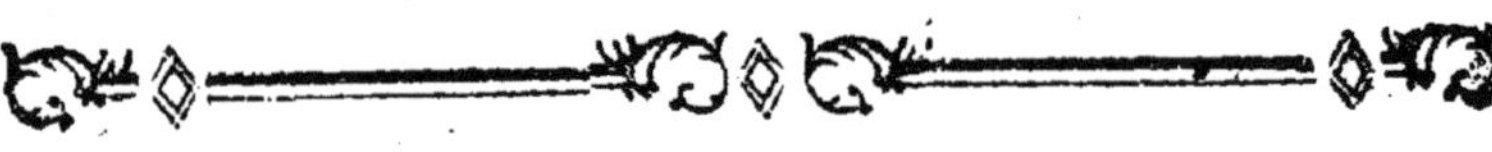

CHANSON,

Sur un air connu.

TEs yeux promettent le bonheur ,
Et confirment leurs langages
Va le plaisir vaut bien l'honneur
D'être fiere & sauvage :
Quand l'Amant n'est point trompeur ,
Son triomphe est un hommage.

Sous l'aîle du tendre Zéphir ,
Vois cette rose éclore ;
Vois son incarnat s'embellir
Des baisers de l'Aurore.
Jeune Eglé ; c'est le plaisir
Qui l'anime & la colore.

Combien de fois ai-je chanté
L'objet de mes allarmes ?
Mais célebre-t-on la beauté ,

En repandant des larmes ?
Ce n'est que la volupté
Qui pourroit peindre tes charmes!

Amour, prends soin de mon destin ;
Rend Eglé moins cruelle ;
Laisse-mo mourir sur son sein
Et renaître pour elle :
C'est là que je veux enfin
M'écrier, Dieux ! qu'elle est belle !

LE GALANT SUPPLANTE',

Air : *De la Courtille, &c.*

Un jour que je chantions,
R'venant des Porcherons,
Queuques Chansons,
Y ainsi que de raisons,
Ne v'là-t-il pas des crocs qui nous voyant des filles,
Y incontinent ils nous cherchent castilles.

A la mienne tout bas,
La tirant par le bras,
Je dis, V'nez ça,
Va y avoir du fracas.
Avec son air fendant, ne v'là-t-il pas, mon drôle,
Lui patinant tout au tour de l'épaule.

Je fus piqué morbleu,
Et si tellement que
J'allois dans peu
Lui faire voir beau jeu.
Mais d'un moule de gand dont j'ai toujours
Mémoire ;
Y incontinent m'éreintit la machoire.

Mais lui, sans s'émouvoir,
Dit : Monsieur veut-il voir,
Qui, de l'avoir,
Se sent mieux en pouvoir ?
Mais déja mon vivant avec elle galope :
Y a c'est ben là z'un vrai tour de Salope.

***

Air : *Nous jouissons dans nos Hameaux.*

JE vis deux oiseaux amoureux
Un jour sous ce feuillage ;
J'étois attentive à leurs jeux,
A leurs doux badinages ;
Mais le premier qui s'envola,
Fut le mâle infidelle :
J'entends depuis ce moment-là
Se plaindre la femelle.

CHANSON.

Sous le nom de l'amitié,
Iris, je vous adore, *bis*.
Sous le nom de l'amitié,
  Du feu qui me dévore
  Dartage la moitié,
Sous le nom, *bis*.
Sous le nom de l'amitié.

  Sous le nom d'un beau bouquet,
L'on accepte une rose, *bis*.
Sous le nom d'un beau bouquet,
  Souvent l'on y trouve
  L'épine de regret,
Sous le nom, *bis*.
Sous le nom d'un beau bouquet.

  Sous le nom de l'amitié,
J'enfile ma gogote, *bis*.
Sous le nom de l'amitié,
  Je lui met, je lui ôte,
  Nous faisons de moitié,
  Sous le nom, *bis*.
Sous le nom de l'amitié.

  Dans un combat amoureux,
Je fais un grand tapage, *bis*.

Dans un combat amoureux ;
Je fonce avec courage,
En foldat vigoureux,
Dans un com. *bis.*
Dans un combat amoureux.

❈

Vîte au combat Chevalier ;
Hortenfe vous défie, *bis.*
Vîte au combat Chevalier ;
Mais le Chevalier plie,
Hortenfe a beau crier,
Vîte au com. *bis.*
Vîte au combat Chevalier.

❈

Prends mon violon, Iris ;
Tu m'enchante, ma chere, *bis.*
Prends mon violon, Iris ;
Que ta touche eft légere,
Que tes doigts font jolis :
Prends mon vi. *bis.*
Prends mon violon, Iris.

❈

Par un conquérant fendu ;
La France fut vengée, *bis.*
Par un conquérant fendu ;
Mais la face eft changée,
Et l'Etat eft perdu,
Par un con. *bis.*
Par un conquérant fendu.

❈

On me fouroit au Couvent
Par l'ordre de ma mere, *bis.*
On me fouroit au Couvent ;

Mais mon goût pour Cythere
Décida autrement :
On me fou. *bis.*
On me fouroit au Couvent.

🌸

Pour le Comtat d'Avignon ,
Le Pape en apanage , *bis.*
Pour le Comtat d'Avignon ,
Qui croiroit qu'à son âge ,
Il eut démangeaison ,
Pour le Com. *bis.*
Pour le Comtat d'Avignon.

🌸

Lime-moi le cadenat ,
Serrurier de Cythere , *bis.*
Lime-moi le cadenat ;
Ne craint point de trop faire ,
Ne m'épargne pas ,
Lime-moi , *bis.*
Lime-moi le cadenat.

🌸

Par un violent amour ,
On triomphe des belles , *bis.*
Par un violent amour ;
Il n'y a point de cruelle
Qui ne se rende un jour ,
Par un vi. *bis.*
Par un violent amour.

🌸

Par un compliment joli ,
On s'avance dans le monde , *bis.*
Par un compliment joli ,

L'on obtient tout en France,
D'un Comte & d'un Marquis,
Par un com. *bis.*
Par un compliment joli.

✳

Il est mousquetaire noir,
L'on auroit grand envie, *bis.*
Il est mousquetaire noir;
On passeroit la vie
A le faire mouvoir,
Il est mou. *bis.*
Il est mousquetaire noir?

✳

Dans le cul-de-sac Dauphin,
Il y a un Janséniste, *bis.*
Dans le cul-de-sac Dauphin,
Qui reçoit la visite
D'un Pere Jacobin,
Dans le cu. *bis.*
Dans le cul-de-sac Dauphin?

✳

Déchargez dedans mon cœur
Votre mélancolie, *bis.*
Déchargez dedans mon cœur;
Ne vous suis-je pas fidelle ?
Vous avez mes faveurs.
Déchargez, *bis.*
Déchargez dedans mon cœur.

✳

Sous le nom de l'amitié,
Hortense ouvre les cuisses, *bis.*
Sous le nom de l'amitié,

Et d'une chaude-piſſe
M'en donna la moitié,
Sous le nom, *bis*.
Sous le nom de l'amitié.

AUTRE.

Sur l'Air : *Sont les Bourgeois de Chartres*
& ceux de Mont-Lhéry, &c.

UN jour ſans conſéquence,
J'entrai dans un bordel,
Sans aucune eſpérance
d'y faire un coup mortel ;
J'y entrai ſeulement
Pour ſavoir le négoce,
Lorſqu'un jeune tendron,
    Don, don,
S'étant arrêté là,
     Là, là,
Deſcendit de carroſſe.

Une tapiſſerie
S'ouvrit fort à propos,
A la badinerie
L'on ſe mit auſſi-tôt :
La bougreſſe ôta tout,
Juſqu'à ſa chemiſe,

Ayant lavé fon con,
    Don, don,
Pour foutre ce tendron;
    Don, don,
Entre un Moine d'Eglife.

    Il ôta fon breviaire,
Sa culotte il défit,
Pour commencer l'affaire;
Il lui montra fon vit:
O! jarni bleu quel vit
Ce ribaud de foutanne,
Avoit apporté là,
    Là, là,
Pour foutre ce tendron;
    Don, don,
Je crois le vit d'un âne.

    Il a pris la novice,
L'a jetée fur fon lit,
Tout doucement lui gliffe;
Un énorme & long vit;
Ce petit con ferré,
S'ouvroit, ne vous déplaife;
La bougreffe gobat,
    Là, là,
Jufqu'aux deux couillons;
    Don, don,
Le tout comme une fraife.

AUTRE.

Sur un air connu.

J'Avois cru que Colinet,
Quand il me trouva seulette
Dans le fond de ce bosquet,
M'auroit parlé d'amourette ;
Je me préparois de loin,
Des raisons pour me défendre ;
Mais je n'en eu pas besoin,
Car il n'osa rien entreprendre,

Aux soupirs il se borna,
Me regardant d'un air tendre ;
Quelques fleurs il me donna ;
N'étoit-ce pas bien l'entendre ?
Je fis exprès un faux pas,
Et tombai sur la verdure ;
Mais le sot ne comprit pas
Tout le fin de cette aventure.

Quand on vient nous en conter ;
Nous avons droit de prétendre
La gloire de résister,
Ou le plaisir de nous rendre ;
Avec un amant glacé,
La résistance est facile ;
Mais qu'il m'eût embarrassé,
S'il se fût montré plus habile.

CHANSON
SUR LES VIEUX.

Air : *Lison dormoit*, &c.

Connoissez-vous Dame Gertrude ?
C'est une femme à sentimens,
Qui n'est ni coquette ni prude,
Et qui pense solidement :
On ne voit point chez cette belle
De jeunes gens avantageux,
  Ce sont des vieux, *bis.*
Qu'elle aime à recevoir chez elle ;
  Ce sont des vieux, *bis.*
Qu'avec raison elle aime mieux.

  Les petits-Maîtres sont volages ;
On ne sauroit compter sur eux,
Les barbons sont prudens & sages,
Et méritent mieux d'être heureux,
Un jeune trompe sa maîtresse ;
Et ceux qui la traitent le mieux,
  Ce sont les vieux, *bis.*
Ils ont plus de délicatesse,
  Ce sont les vieux, *bis.*
Ils sont beaucoup moins dangereux.

Le jeune va courir sans cesse ;
Il voltige de fleurs en fleurs ;
Le vieux s'en tient à sa maîtresse,
Et sent le prix de ses faveurs :
Le jeune se croit un Narcisse,
Que rien n'est plus beau sous les cieux!
  Ce sont les vieux , *bis.*
Qui savent se rendre justice ,
  Ce sont les vieux , *bis.*
Qui craignent qu'on ne trouve mieux!

❉

Le jeune toujours dans l'ivresse ,
Ne suit que son tempérament ;
Le vieux jouit avec finesse ,
Avec goût & discernement ;
On est flatté de la tendresse
De ceux qui s'y connoissent mieux ;
  Ce sont les vieux , *bis.*
Leur choix toujours plein de justesse ;
  Ce sont les vieux , *bis.*
Aux Dames est plus glorieux.

❉

Le jeune assez souvent s'expose
A des regrets , à des douleurs ;
Il cueille une brillante rose ,
Sans voir l'épine sous les fleurs :
L'amour s'en plaignit à sa mere
Un jour , dit-on , la larme aux yeux ;
  Quand on est vieux , *bis.*
On réfléchit , on considere ,
  Quand on est vieux , *bis.*
On est moins vif & plus soigneux!

❉

D

Si l'on n'est pas si bien servi
Par un vieux que par un cadet ;
Du moins on est mieux chéri ,
Et son hommage est plus discret ;
Sans abuser de sa victoire ,
Il est doux & respectueux.
    Prenez un vieux , *bis.*
Il conservera votre gloire ;
    Prenez un vieux , *bis.*
Vous vous en trouverez bien mieux.

PARODIE.

LES JEUNES GENS VENGÉS.

Sur le même Air.

Connoissez-vous la jeune Hortense ?
C'est un objet plein d'agrémens ,
Qui sut toujours à la constance
Allier le discernement ;
Elle aime à recevoir chez elle
Des jeunes gens vifs & joyeux ;
    Mais pour des vieux , *bis.*
On n'en voit point chez cette belle ;
    Mais pour des vieux , *bis.*
Ils lui semblent trop ennuyeux.

Des jeunes gens les plus volages ;
La beauté peut fixer les cœurs ;
Si le tems rend les vieux plus sages,
C'est en éteignant leurs ardeurs :
Un jeune chérit sa bergere,
S'il est l'objet de tous les vœux ;
    Mais pour un vieux , *bis.*
Il est plaisant quand il veut plaire ;
    Mais pour un vieux , *bis.*
On rit de son air langoureux.

Le jeune peut jouir sans cesse,
Sa vie est un tissu de fleurs ;
Le vieux déplaît à sa maîtresse,
Même en achetant ses faveurs :
Le jeune sans être un Narcisse,
Séduit & plaît à deux beaux yeux ;
    On quitte un vieux , *bis.*
Avant qu'il se rende justice,
    On quitte un vieux , *bis.*
Aussi-tôt que l'on trouve mieux.

Le vieux bercé par la mollesse,
Rappelle son tempérament ;
Le jeune au gré de sa maîtresse,
Sait user d'un tendre moment :
On est flatté de la tendresse,
De ceux qui la prouvent le mieux ;
    Sont-ce les vieux ? *bis.*
Toujours trompés par leur foiblesse ;
    Sont-ce les vieux ! *bis.*
Ils fatiguent sans être heureux.

D 2

Près d'un tendron pour qu'il ose ;
Le vieux n'a droit qu'à la rigueur ;
Quand il veut cueillir une rose ,
Il lui fait perdre sa fraîcheur :
L'amour s'en plaignit à sa mere
Un jour , dit-on , les larmes aux yeux!
   Quand on est vieux , *bis.*
On devroit déserter Cythere ,
   Quand on est vieux , *bis.*
On fait fuir les ris & les jeux.

Sur sa beauté très-mal servie ;
Un barbon garde le secret ;
Quand on craint la plaisanterie ;
Qu'il est aisé d'être discret :
Au bon goût c'est faire une injure ;
Que d'abandonner pour un vieux ,
   Jeune amoureux , *bis.*
Qui sort des mains de la nature ;
   Jeune amoureux , *bis.*
Dont la force égale les feux.

LE CAPUCIN

ET LA PENITENTE.

Air : *l'Aurore vient de naître* , &c.

L'Autre jour en cachette ;
Un Pere Capucin ,
Confeffant Fanchonnette ;
Lui dit d'un air badin :
N'auriez-vous point , mutine ;
Porté fur vos appas ,
Une main libertine , .
Ne le déguifez pas ? *bis.*

J'ai quelquefois , dit-elle ;
Dans un certain endroit ,
Sans être criminelle ,
Porté le bout du doigt ;
Que trouvez-vous d'étrange ;
Commment y réfifter ?
Lorfque ça vous démange ;
Il faut bien le grater.

Vous avez , dit le Pere ;
Prenant un air fâché ,
Vous avez fait , ma chere ;
Un énorme péché :

Vous vous rendez impure,
En mettant le doigt là ,
L'Auteur de la nature
Ne l'a pas fait pour cà , *bis.*

Quand vous aurez petite
Par hasard cette ardeur ,
Accourez au plus vîte
A votre Directeur :
Je vous jure je possede ,
Par la grace des Dieux ,
Un excellent remede
Pour éteindre vos feux , *bis.*

Du secret la poulette
Usa pour son malheur ,
La maudite recette ,
Lui causa mal au cœur ;
Elle en devint si ronde ,
Qu'après neuf mois enfin ,
On lui vit mettre au monde
Un petit Capucin , *bis.*

CHANSON.

Air : *Quand je vous ai donné mon cœur.*

LE plaisir couronné de fleurs ,
   Vient voler sur la table ;
Il attend pour charmer nos cœurs
   Un moment favorable.
Belle Céphise , où tu n'es pas ,
   Pourroit-il nous séduire ?
Il a besoin de tes appas ,
   Pour fonder son empire.

Viens réveiller sous cet ormeau
   L'esprit & la saillie ,
On t'attend auprès d'un tonneau
   Qu'a percé la folie :
Le Champagne est prêt à partir ,
   Dans sa prison il fume ,
Impatient de te couvrir
   De sa brillante écume.

Sais-tu pourquoi ce vin charmant ,
   Lorsque ta main l'agite ,
Comme un éclair étincellant
   Vole & se précipite ?

D ij

Bacchus en vain dans son flacon,
Retient l'Amour rebelle,
L'amour sort toujours de prison,
Sous la main d'une belle.

A U T R E.

Air : *Toutes ces filles, &c.*

Toutes les meres,
Toujours séveres,
A leurs fillettes défendent d'aimer ;
Vaine défense,
Quand dès l'enfance,
D'un feu naissant on se sent enflâmer ;
On sent déjà
Malgré son innocence,
On sent déjà
Qu'on est faite pour çà.

Lorsqu'on arrange,
Une fontange,
Prend-on pour soi toutes ces peines là ;
Quand on nous admire,
On nous fait sourire,
Qui cherche à plaire bientôt aimera,
On sent déjà
Que le cœur nous inspire,

On sent déjà
Qu'on est faite pour çà.

On casse un lasset,
Pour joindre un corset;
Est-ce sans dessein
Que l'on pare son sein?
Quel secret pouvoir
Le fait donc mouvoir?
Pour le laisser voir
On tortille un mouchoir;
A tous momens on soupire
On desire,
Et l'on sent là
Qu'on est faite pour çà.

On voit un amant,
Et timidement,
On cache ses yeux
Pour le regarder mieux?
D'où naît ce plaisir,
D'où vient qu'un soupir;
Presse l'estomac,
Que le cœur fait tic, tac?
On devient tendre,
Peut-on s'en défendre?
On sent par-là,
Qu'on est faite pour çà.

Lorsqu'il peint la flâme;
Dont brûle son ame,
On tremble, on rougit;
On a l'air interdit;

Jufqu'à la pudeur,
Tout trahit notre cœur ;
Rougit-on, hélas !
De ce qu'on n'entend pas ?
L'amant nous preffe,
Sa peine intéreffe ;
On fent par-là,
Qu'on eft faite pour çà.

La bonne amie,
Eft moins chérie
Que le jeune amant
Qu'on a vu qu'un moment ;
Dès qu'il croit nous plaire,
Il eft téméraire,
Et puis l'on excufe l'audace qu'il a ;
Et puis, & puis notre trouble
Redouble,
Et puis on aime, & tout finit par-là.

A U T R E.

Air : *Dans un Bofquet, &c.*

D Ans un détour,
Me promenant au bois un jour ;
J'apperçus l'amour

Affis au pied d'un tilleul,
Seul.
A l'afpect du trompeur,
Je recule en tremblant de frayeur;
Mais il a l'air fi doux,
Qu'ai-je à craindre, approchons-nous;
Sauvons-nous :
O fort heureux,
Le traître dort, tout fert mes vœux;
Ses yeux dangereux
Sont couverts d'un voile épais,
Paix.

Pour lui prendre fes traits;
Dans ces lieux tenons-nous aux aguets?
Effayons fi par-là
Je pourrai... doucement... le voilà :
Ne tardons pas,
Pour l'enchaîner formons des lacs;
Mais que fais-je? hélas !
S'il s'éveilloit... Non, il dort,
Fort.

Raffurons nos efprits,
Serrons-le, dans ces nœuds il eft pris;
Le cruel auffi-tôt
Fait un cris, e réveille en furfaut :
Tyran des cœurs,
Reçois le prix de tes rigueurs,
Je ris de tes pleurs,
Dans mes liens,
Je te tiens,
Viens.

D

Il répond en ces mots ;
Ecoutez mes soupirs , mes sanglots ;
Je suivrai votre loi ,
Je vous jure un respect... lâchez-moi
Tu me promets
De ne troubler jamais , jamais
La tranquille paix ,
Dont jusqu'ici
J'ai joui ,
Oui.

Pourquoi faire captif
Un enfant qui paroît si naïf ?
Je le fais trop souffrir ;
Délions-le , je me sens attendrir :
Tu m'as lâché ,
Me dit l'Amour , d'un air touché ;
Et d'un trait caché
L'ingrat , hélas !
Me perça ,
Ah !

Tout mon sang se troubla ;
Le perfide en riant s'envola ,
Je me sens pénétrer
D'une ardeur... & ne puis respirer ;
Voilà comment ,
L'amour content
Tient son serment ,
Ah ! Dieu quel tourment ;
Ainsi que lui tout amant ,
Ment.

FRERE LUBIN
ET SA VOISINE.

Sur un air connu.

Frere Lubin tous les matins,
  Avec sa longue pine,
Sonnoit souvent matines du cu,
  Monté sur sa voisine :
Tous les Novices du Couvent,
  A l'exemple du Frere,
S'en alloient tous le vit bandant
  Le long du Monastere.

A l'exception du Frere Denis,
  Qui avoit la chaude-pisse,
Qui s'en alloit toujours disant
  Le bon Dieu vous bénisse ;
Allez-vous en coquin , bandit,
Allez-vous en branler le vit ,
  Laissez foutre nos Freres.

Un jeune Abbé près de chez nous
  Croyoit Fanchon pucelle,
La supplioit à deux genoux ,
  De n'être pas rebelle :

La fille qui entend tout cela,
Qui n'étoit pas novice,
Prenez tout ce qu'il vous plaira,
Il prit la chaude-pisse.

Un jour le Pere André prêchoit,
Prêchoit avec instance,
A une fille de quinze ans,
De faire pénitence :
Sitôt la fille lui répondit,
Foutre mon pere j'estime un vit
Plus que ma conscience.

Le bon Pere qui entend cela,
Goûta bien la morale,
Tout aussi-tôt lui récita
L'oraison pastorale :
En retroussant son coqueluchon,
Foutre, ma sœur, j'estime un con
Plus que mes deux sandales.

Sitôt la fille lui répondit,
J'aime le Frere Grégoire,
Car il me fout comme un lutin,
Il a les couilles noires :
Quand il met son vit dans mon con,
Hélas ! je tombe en pamoison,
Le bougre entend l'histoire.

Les Jésuites qui ont le goût fin,
N'en font jamais les dupes,
Ils portent plus souvent la main
Aux culottes qu'aux jupes.

Soi-difant pour leur raifon ;
    Prouvée par leur doctrine ;
Que le cul plus étroit qu'un con ;
    Chatouille mieux la pine.

✠

Venez chers enfans bien dodus ;
    Chers enfans de Sodome ,
Soyez ici les bien venus ,
    Comme au milieu de Rome ;
Et vous déteftables putains ,
    Dont le con vous dégoûte ,
Allez chez les Américains ,
    Chercher gens qui vous foute.

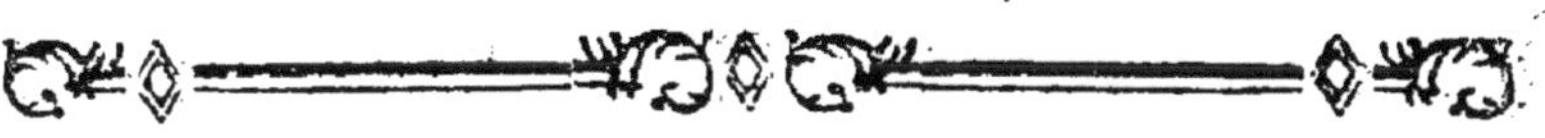

LA FILLE

SANS TETTON.

Air : *Bouchez , Nayades , vos Fontaines.*

Vous êtes belle comme un Ange ;
Douce comme un petit mouton :
Il n'eft point de cœur , Janneton ,
Qui fous votre loi ne fe range ;
Mais une fille fans tetton ,
Eft une perdrix fans orange.

L'ETEIGNOIR,

Air : Pierre Bagnolet, &c.

D Un Grifon, Galand ridicule,
L'hiftoire eft plaifante à favoir :
I offroit à fille incrédule
Sa chandelle, & la faifoit voir,
  Sans s'émouvoir,
  Sans s'émouvoir,
La Folette tira fa mulle,
Et la fit fervir d'éteignoir,

Au lieu de venger cette injure,
Les Amours, à malice enclins,
Rioient entre eux de l'aventure
Du Doyen des Amans blondins.
  Ces Dieux badins,
  Ces Dieux badins,
Se difoient : Vois-tu la coëffure,
Qu'on a mife au Dieu des Jardins ?

COMPARAISONS
GRIVOISES.

L'Amour est un chien de vaurien,
Qui fait plus de mal que de bien,
Habitans de Gallere,
N'vous plaignez pas d'ramer :
Votre mal, c'est du suque,
Près de c'ti'là d'aimer.

Ce fut par un jour de Printems,
Que je me déclaris Amant,
Amant d'une Burnette,
Bell' comme un Curpidon,
Portant fine cornette
Posée en parpillon.

'All' a tous les deux yeux bryans
Comme des Pierres de Diamans,
Et la rouge Ecarlate,
Que l'on teint aux Gob'lins,
N'est que d'la couleur jaune
Au près de son blanc tein.

All' a de l'esprit fiérement
Tout comm' un Garçon de trente ans,

Ça vous ma gn' de l'ouvrage ;
Dam' faut voir comme ça l'tient.
L'Diable m'emporte , un' Reine
N'blanchiroit pas si ben.

J'sais ben qui ne tiendroit qu'à moi
De l'épouser , si all' vouloit ;
Son serviteur très-humble
Attend sa volonté ;
Si ça se fait ben vîte ,
Fort content je serai.

L'AMANT HEUREUX.

AU Dieu d'amour ,
Pour mieux consacrer mon ivresse
Au Dieu d'amour ,
Iris , paye moi de retour
Pour t'assurer de ma tendresse ,
Touche cet Autel , que je dresse
Au Dieu d'amour.

Où suis-je ? Ah Dieux !
Je vole au Temple du mystere ;
Où suis-je ? Ah Dieux !
Que d'appas s'offrent à mes yeux !
Le flambeau du plaisir m'éclaire :
Je touche aux rives de Cythere ,
Où suis-je ? Ah Dieux !

CHANSON

DE PARADE.

Air: *Vive les Grecs.*

S I j'savois tromper les Meres
    Et les Argus ;
Si j'savois d'tous mes Comperes
    Fair' des Cocus ;
Diroit-on que je serais
    Gille le Niais ?

Si j'savois des Femm' prudentes
    Jouir sans bruit ;
Si j'savois des innocentes
    Ouvrir l'esprit ;
Diroit-on que je serais
    Gilles le Niais ?

Si j'savois ben d'autres choses ;
    Qui font plaisir ;
Si j'savois cueillir les Roses,
    Sans les flétrir ;
Diroit-on que je serais
    Gilles le Niais ?

Si j'favois prendre les Femmes,
Par mes exploits ;
Si j'favois compter, mes Dames,
Par mes doigts ;
Diroit-on que je ferais
Gilles le Niais ?

Tout ce que je viens de dire
Dans ces couplets,
N'a point été dit pour rire,
Ce font mes faits ;
Peut-on m'appeller après
Gilles le Niais !

L'ORIGINE
DU COCUAGE.

Air : *Du Cap de Bonne - Espérance.*

ADam, notre premier Pere,
Des Cocus fut le premier ;
Sa Femme fit la premiere
Des coquettes le métier.
Homme, Garçon, Femme ou Fille,
Nous compofons leur Famille :
Ergo, tout le genre humain,
Est vraimeut fils de P***.

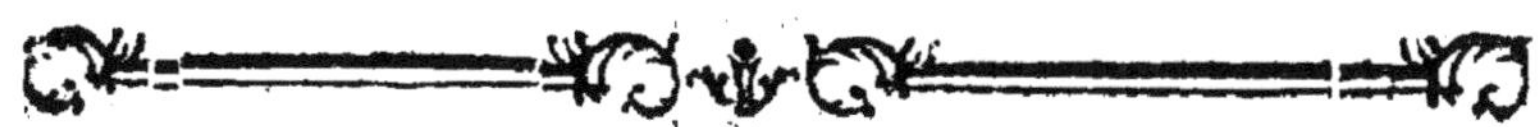

LA FEMME
DE BONNE FOI

Air : *De Joconde.*

Un jour Climene, en mal d'enfant,
    Crioit à pleine tête ;
Et son mari triste & dolent ,
    Pleuroit comme une bête.
Tout beau, tout beau, ne pleurez pas ?
    Dit la fine Glimene ;
Car , par ma foi , vous n'êtes pas
    La cause de ma peine.

LA FEMME PRUDENTE.

Sur un Air nouveau.

Est-ce lui , ou Nicaise ?
On me baise.
C'est donc Blaise :

Eft-ce lui , ou Nicaife
Qui me baife ?
Oui ,
C'eft lui.

Pas à pas on m'engage :
Blaife , hélas !
Eft plus fage.
Il eft nuit. Crions... Mais , quoi ?
Je fuis dans la bonne foi.

Eft-ce lui ? &c.

LE GUET.

Air : *Si le Roi vouloit m'donner.*

UN foir revenoit Cadet ;
Ce n'eft pas fa faute ,
Tenant fous le bras Babet,
La fille à notre hôte.
Un voleur faifit Cadet :
Un voleur faifit Babet :
C'eft bien la faute du Guet,
Ce n'eft pas leur faute.

Un voleur preffoit Cadet ;
Ce n'eft pas fa faute :

Un voleur baisoit Babet,
    La fille à notre hôte,
Ça fit du mal à Cadet :
Ça fit plaisir à Babet :
C'est bien la faute du Guet,
    Ce n'est pas leur faute.

Ah ! quels coups, disoit Cadet !
    Ce n'est pas sa faute :
Ah ! quels coups, disoit Babet !
    La fille à notre hôte.
Je me meurs, disoit Cadet :
Je me meurs, disoit Babet :
C'est bien la faute du Guet,
    Ce n'est pas leur faute.

Au voleur, crioit Cadet,
    Ce n'est pas ma faute :
Cher voleur, disoit Babet,
    La fille à notre hôte.
Je n'y reviens plus, Babet :
Moi, j'y reviendrai, Cadet :
C'est bien la faute du Guet,
    Ce n'est pas leur faute.

LA RENCONTRE.

Air : Accompagné de plusieurs autres.

LE premier du mois de Janvier,
Je rencontris un Savetier,
Entre sa boutique & la nôtre.
Il me dit fort éloquemment :
Commere, bon jour & bon an ;
Accompagné de plusieurs autres.

Moi qui sait tout le Compliment
Du jour de l'an, tout couramment,
Comme je fais mes Patenôtres,
J'réponds, san chercher un moment :
Compere, & moi pareillement,
Accompagné de plusieurs autres.]

Comment, m'dit-il, va le voisin ;
Et la cousine & le cousin ?
Comment se portent tous les vôtres ?
Comment l'enfant se porte t'y ?
Comment se porte le mari ?
Accompagné de plusieurs autres.

Commere, entrez, entrez chez nous ;
J'ons d'excellent vin à six sous ;

Le

Le vôtre ne vaut pas le nôtre.
Je n'me fis pas prier beaucoup,
J'entris, nous y bûmes t'un coup,
Accompagné de plusieurs autres.

Quand il eut bien lavé son cœur,
Le voilà qui, comme un Seigneur,
Le long de la table se vautre.
Il me fait poliment la cour,
En poussant un hoquet d'amour,
Accompagné de plusieurs autres.

Il devient trop entreprenant,
Je le repousse rudement;
Sus vot' respect, j'l'envoie aux piautres,
Il met la main dans mon corset,
Je le régale d'un soufflet,
Accompagné de plusieurs autres.

Il m'embrassa, je me fâchis;
Il redoubla, je m'appaisis:
Il savoit bien, le bon apôtre,
Qu'un premier baiser nous déplaît,
Mais qu'on pardonne, quand il est
Accompagné de plusieurs autres.

RONDE.

Air : *Comme j'l'étrille, trille, &c.*

JE n'eus jamais laissé faire
  Un autre que le Curé ;
D'un autre, que du Vicaire,
  Je ne l'eus pas enduré.
C'est la faute du Vicaire,   } Bis.
  C'est la faute du Curé.

Le premier fut le Vicaire,
  Non ; c'est, je crois, le Curé.
Oui, non, oui… je ne sais guere
  Qui fut le dénaturé.
C'est la faute du Vicaire,   } Bis.
  C'est la faute du Curé.

Respect de leur caractere ;
  Leur enfant m'est demeuré.
Cet enfant est du Vicaire,
  Si ce n'est pas du Curé.
C'est la faute du Vicaire,   } Bis.
  C'est la faute du Curé.

Sans ce diable de Vicaire,
  Et sans ce chien de Curé,

J'époufois l'Apothicaire,
  Qui alloit bien à mon gré,
C'eft la faute du Vicaire,
  C'eft la faute du Curé.   } *Bis.*

LES QUATRE AGES

DE LA FEMME.

Dans l'enfance,
La femme eft une fleur naiffante ;
  Cultivons-là.
Dans fon adolefcence,
Une barque flottante ;
  Arrêtons-là.
Dans un âge plus mur, une vigne abondante,
  Vendangeons-là.
Dans la vieilleffe, hélas ! une charge pefante ;
  Supportons-là.

E

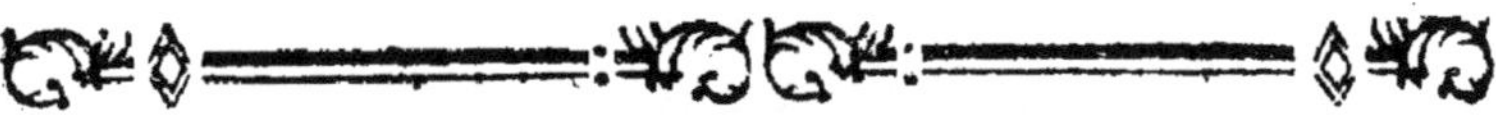

RONDE.

Air : *Ah ! il me souviendra.*

A Confesse m'en suis allé
Au Curé de Pompone :
Le plus gros péché que j'ai fait ;
C'est d'embrasser un homme.
Ah ! il me souviendra,
La-ri-ra,
Du Curé de Pompone.

Le plus gros péché que j'ai fait ;
C'est d'embrasser un homme.
Ma fille, pour ce péché là,
Il faut aller à Rome.
Ah ! il me souviendra,
La-ri-ra,
Du Curé de Pompone.

Ma fille, pour ce péché là,
Il faut aller à Rome.
Dites-moi, Monsieur le Curé,
Y menerai-je l'homme ?
Ah ! il me souviendra,
La-ri-ra.
Du Curé de Pompone.

(101)
Dites-moi , Monsieur le Curé ,
Y menerai-je l'homme ?
Ah ! vous prenez goût au péché.. ?
Je vous entends , friponne.
Ah ! il me souviendra ,
La-ri-ra ,
Du Curé de Pompone.

Ah ! vous prenez goût au péché.. ?
Je vous entends , friponne.
Bien , baisez-moi cinq ou six fois ,
Et je vous le pardonne.
Ah ! il me souviendra ,
La-ri-ra.
Du Curé de Pompone.

Bien , baisez-moi cinq ou six fois ?
Et je vous le pardonne.
Grand merci , Monsieur le Curé ,
La pénitence est bonne.
Ah ! il me souviendra ,
La ri-ra ,
Du Curé de Pompone.

COMPLAINTE

D'UNE FEMME A SENTIMENS.

Air : *De mon Berger volage.*

D Ans le siecle où nous sommes,
  Qu'on aime foiblement !
On ne peut, chez les hommes,
  Trouver de sentiment,
Tircis n'est point volage ;
  Mais son cœur est usé ;
Se peut-il qu'à son âge,
  Un cœur soit épuisé ?

Tu jures que tu m'aimes ;
  Mais, c'est si froidement !
Tircis, tes sermens mêmes
  Redoublent mon tourment ;
Laisse le vain langage
  Des sermens superflus ;
Aime-moi davantage,
  Et ne le jure plus.

Comment rien ne ranime
  Tes desirs languissans !
Ce n'est pas que j'estime
  Les vains plaisirs des sens ;

Mais que ton cœur s'enflamme ;
  Au moins, par mes transports :
Eh ! quoi ? même ton ame
  A perdu ses ressorts ?

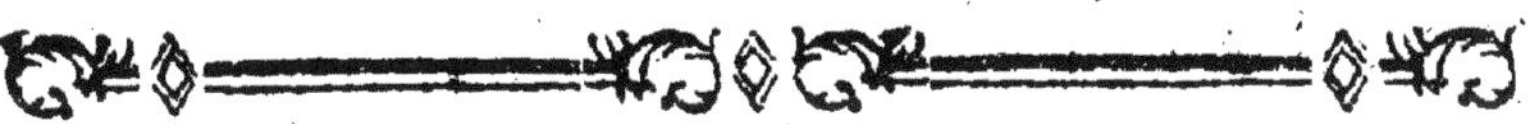

Quels destins sont les nôtres !
  Pourquoi suis-tu mes pas ?
Tu n'en aimes point d'autres,
  Et tu ne m'aimes pas.
Supprime tes visites ;
  Choisi de l'un des deux :
Il faut que tu me quittes,
  Ou que tu m'aimes mieux.

CHANSON.

DE COMEDIE,

EN PERSONNES NATURELLES.

Air : *O gué, lanla, lanlere, &c.*

LA où Monsieur Léandre
  Vaut mieux que tou
Où il est bon à prendre,
  Je sais bien où.

Avec les Filles
De saint Clou.
Ou du Gros-Caillou,
St'amoureux filou,
Quand elles font gentilles,
Comme il eft fou.

A la Ville, en Campagne,
Il eft gaillard ;
La gaieté l'accompagne
Tout par-tout ; car
Avec les Filles , &c.

Contons, de Monfieur Gilles
Un peu les faits :
Aux Femmes de la Ville
Il en veut ; mais
Avec les Filles , &c.

Souvent l'Amour le guette
Chez un Traiteur ;
Car, c'eft à la Guinguette
Qu'il bleffe un cœur :
Avec les Filles , &c.

INVOCATION
AUX PARQUES,

Sur un air connu.

JE jure, tant que je vivrai,
De vous aimer, Silvie :
Parques, qui dans vos mains tenez
Le fil de notre vie,
'Allongez, tant que vous pourrez,
Le mien, je vous en prie.

L'AMBITIEUX MODESTE.

Air : *De Joconde.*

QUe pour Bacchus, ou pour l'Amour,
On faſſe une partie ;
Que ce ſoit de nuit ou de jour,
J'en ai d'abord envie.
J'ai toujours ſoif, j'aime ſans fin,
Rouge & blanc, brune & blonde ;
Je voudrois boire tout le vin,
Et baiſer tout le monde.

E 2

AMYNTE.

Air : *Etoit-ce pour admirer* , &c.

PRès d'un coulant ruisseau ,
La jeune & tendre Amynte,
A l'ombre d'un ormeau ,
Faisoit sa triste plainte.
Colin , amoureux d'elle ,
Avoit suivi ses pas ,
Caché près de sa belle ,
Admiroit ses appas.

Est-ce pour soupirer ,
Qu'Amynte cherche l'ombre ?
Est-ce pour admirer
L'effet d'un lieu si sombre ?
La belle étoit à plaindre ,
Si cet innocent là ,
Sans avoir rien à craindre ,
En fut demeuré là.

Mais il fut assez fin
Pour approcher , le drôle ,
Et dans un bois voisin
Il lui donna parole.

Curieuse & crédule ,
Amynte l'éprouva ,
Sans crainte , sans scrupule ,
Au bosquet se trouva.

Sur un banc de gazon ,
Où elle étoit assise ,
Ecoutant Coridon ,
Toujours dans la franchise ;
L'autre à genoux , près d'elle ,
Lui demanda la main ;
Et l'imprudente belle ,
La lui donna soudain.

Le galant transporté ,
De tout se croyant maître ,
De sa facilité ,
Tyran , profite en traître ;
Ne pouvant autre chose ,
Amynte veut crier ;
Mais il lui tenoit close
La bouche d'un baiser.

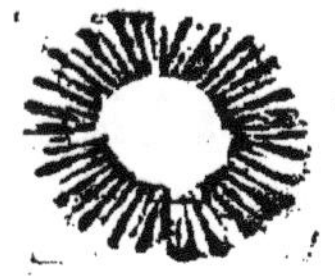

E 2

ROMANCE

D'APOLLON ET D'APHNÉ.

Air : L'Amour m'a fait la peinture.

L'Amour m'a fait la peinture
De Daphné, de ses malheurs ;
J'en veux tracer l'aventure ;
Puisse la race future
L'entendre & verser des pleurs.

Daphné fut sensible & belle ;
Apollon sensible & beau :
Sur eux l'Amour, d'un coup d'aîle,
Fit voler une étincelle
De son dangereux flambeau.

Daphné d'abord interdite,
Rougit voyant Apollon ;
Il s'approche, elle l'évite ;
Mais fuyoit-elle bien vîte ?
L'Amour assure que non.

Le Dieu qui vole à sa suite,
De sa lenteur s'applaudit,

Elle balance, elle hésite :
La pudeur presse sa fuite,
Le désir la ralentit.

Il la poursuit à la trace ;
Il est prêt à la saisir ;
Elle va demander grace :
Une Nymphe est bientôt lasse
Quand elle fuit le plaisir.

Elle désire, elle n'ose :
Son pere voyant ce combat,
Par une métamorphose,
A sa défaite il s'oppose,
Daphné ne l'en prioit pas.

C'est Apollon qu'elle implore ;
Sa vue adoucit ses maux ;
Et vers l'amant qu'elle adore,
Ses bras s'étendoient encore,
En se changeant en rameaux.

Quel objet pour la tendresse
De ce malheureux vainqueur !
C'est un arbre qu'il caresse ;
Mais sous l'écorce qu'il presse,
Il sent palpiter un cœur.

Ce cœur ne fut point févere ;
Et son dernier mouvement
Fut, si l'Amour est fincere,
Un reproche pour son pere,
Un regret pour son amant.

LE PARDON.

Air : *Hélas ! Maman , &c.*

HElas ! maman , pardonnez je vous prie ;
Un mouvement de curiosité.
Je me croyois seulette dans la prairie ,
Quand à mes yeux Colinet s'est présenté.
Hélas ! &c.

En m'abordant sur l'herbette fleurie ;
D'abord à mes genoux il s'est jeté,
Hélas ! &c.

Vous le savez qu'au village l'on publie ;
Que ce Berger n'a point d'égal en beauté,
Hélas ! &c.

Il me vente les nœuds dont l'amour nous lie ;
J'ai voulu voir s'il disoit la vérité.
Hélas ! &c.

Mais si ce plaisir est le charme de la vie ;
Est-ce un grand mal à moi d'en avoir goûté ?
Hélas ! &c.

CHANSON

Sur un Air nouveau.

UN jour dans un verd bocage,
Daphnis menoit ses troupeaux
Non loin, Philis à l'ombrage
Paissoit aussi ses agneaux.
Tous deux ils se joignirent.
Daphnis la vit,
Philis le vit,
Tous les deux ils se virent.

Bon jour, lui dit-il, Bergere,
Bon jour, dit-elle, Berger :
Qu'il fait bon sur la fougere,
Ici près dans ce verger !
Tous deux ils s'y rendirent.
Daphnis s'assit,
Philis s'assit,
Tous les deux ils s'assirent.

Le Berger de violettes,
Fait un bouquet pour Philis :
Philis de tendres fleurettes,
En prépare un pour Daphnis.

Tous deux ils se l'offrirent,
Daphnis le prit,
Philis le prit,
Tous les deux se le prirent.

Permet, dit-il, que je mette
Mon bouquet dans ton corset,
Du mien, lui dit la follette,
Je veux orner ton bonnet.
Tous deux y consentirent.
Daphnis lui mit,
Philis lui mit,
Tous les deux se le mirent.

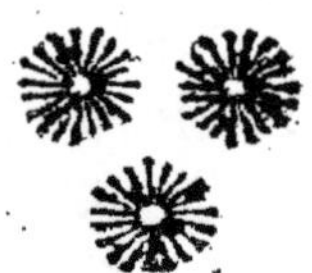

D'être constante & fidelle ;
Fais-moi, lui dit-il, serment ;
Et toi fais le moi, dit-elle,
D'être fidelle & constant.
Tous deux y consentirent.
Daphnis le fit,
Philis le fit,
Tous les deux se le firent.

LE BAISER.

Air : Réveillez-vous , Belle endormie.

PHilis , plus avare que tendre ;
Ne gagnant rien à refuser ,
Un jour exigea de Silvandre ,
Trente moutons pour un baiser;

Le lendemain nouvelle affaire ;
Pour le Berger le troc fut bon ;
Car il obtint de la Bergere ,
Trente baisers pour un mouton.

Le lendemain , Philis plus tendre,
Craignant de déplaire au Berger ,
Fut trop heureuse de lui rendre
Trente moutons pour un baiser.

Le lendemain , Philis , peu sage ,
Auroit donné moutons & chien
Pour un baiser , que le volage
A Lisette donnoit pour rien.

LES PLAISIRS.

Air : *De Joconde.*

QUé l'on goûte ici de plaiſirs !
    Où pourrions-nous mieux être ?
Tout y ſatisfait nos déſirs ,
    Et tous les fait renaître.
N'eſt - ce pas ici le jardin
    Où notre premier pere ,
Trouvoit ſans ceſſe ſous ſa main
    De quoi ſe ſatisfaire ?

Ne ſommes-nous pas encore mieux ,
    Qu'Adam dans ſon bocage ?
Il n'y voyoit que deux beaux yeux ;
    J'en vois bien davantage.
Dans ce Jardin délicieux ,
    L'on voit auſſi des pommes ;
Faites pour charmer tous les yeux ,
    Et damner tous les hommes.

Amis , en voyant tant d'appas ,
    Quels plaiſirs ſont les nôtres !
Sans le péché d'Adam , hélas ?
    Nous en aurions bien d'autres.

Il n'eut qu'une femme avec lui ;
   Encore c'étoit la sienne,
Et moi je vois celle d'autrui ,
   En attendant la mienne.

Il buvoit de l'eau triftement ;
   Auprès de fa compagne :
Nous autres nous chantons gaiement ;
   En buvant du Champagne.
Si l'on eût fait dans un repas ,
   Cette chere au bon homme ;
Le gourmand ne nous auroit pas
   Damnés pour une pomme.

COUPLET.

Air : *Flon , flon , flon , &c.*

UN vit à la Dragone ,
C'eft un paffe-partout ,
Jamais il ne déconne ,
Qu'il n'eft foutu trois coups
   Flon , flon , fon ,
   Larira dondaine ,
   Gué , gué , gué ,
   Larira dondé.

LE CURÉ
ET LA NOVICE.

Sur un air ancien.

UN gros lourdaut de village,
L'autre jour en badinant,
Déroba le pucelage
D'une fille de quinze ans ;
En lui difant : ma poulette,
Vous l'avez long-tems gardé :
Hélas ! répond la fillette,
Perfonne ne l'a demandé.

La Belle s'en fut à Confeffe,
A Monfieur notre Pafteur,
Qui lui demanda fans ceffe,
Qu'avez-vous donc fait , ma fœur ?
Monfieur le Curé , lui dit-elle,
Pierrot m'a fait un enfant.
Mais le blâmez-vous , la belle ?
J'en aurois bien fait autant.

Elle répond , toute en colere,
Pouvez-vous parler ainfi ;
Car Pierrot, pour cette affaire,
Mérite d'être puni,

Ah ! quel étrange caprice !
Pour moi je n'y comprends rien ;
Mérite-t-on le supplice
Pour avoir fait un Chrétien ?

LA DORMEUSE.

Air : *Lison dormoit*, &c.

Lison dormoit dans un bocage ;
Un bras par-ci, l'autre par-là.
Son lit étoit un verd feuillage :
Ah ! que l'on dort bien comme cela.
Colin étoit là qui la guette ;
Voyons, dit-il, réveillons-là :
Réveillons-là, réveillons-là,
Il lui tira sa collerette :
Réveillons-là, réveillons-là,
La Belle toujours sommeilla.

Jetons, dit-il, sur la dormeuse ;
Des fleurs par-ci, des fleurs par-là.
Il en couvrit la sommeilleuse,
Elle dormoit malgré cela.
Essayons un baiser bien tendre ;
Peut-être il la réveillera.

Voyons cela , voyons cela ,
Adroitement il fut le prendre :
Voyons cela , voyons cela ,
La Belle toujours fommeilla.

L'Amour qu'à fon aide il appelle ,
Lui dit par-ci , lui dit par-là :
Lance ce trait là fur la Belle ,
Tiens l'on s'en fert comme cela.
Colin prend la fleche légere ,
Et d'un bras que l'Amour guida ,
Tant la lança , tant la lança ,
Tant la lança fur la Bergere ;
Tant la lança , tant la lança ,
Qu'enfin la Belle s'éveilla.

La Bergere toute interdite ,
Lui dit par-ci , lui dit par-là :
Colin , allez-vous en bien vîte ,
En agit-on comme cela ?
Ma foi , dit-il , j'ai vu l'aurore
Moins belle que vous n'étiez là :
Dormez comme ça , toujours comme ça ,
Ah ! de grace , dormez encore :
Dormez comme ça , toujours comme ça ,
Et Colin vous réveillera.

Lifette appaifant fa colere ,
Se tourne ici , fe tourne là ,
Et jette un regard moins févere
Sur le Berger qui reftoit là.
Je ne fais d'où vient ma paupiere ,
S'appefantit comme cela ;

Mais pourquoi ci, mais d'où vient ça ?
Bientôt elle tombe en arriere :
Sur le champ son œil se ferma ;
Mais le Berger la réveilla.

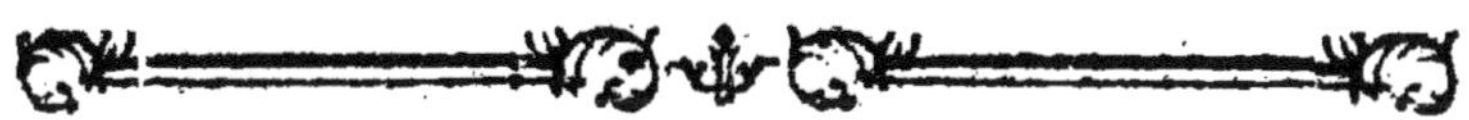

LA BELLE HOTESSE.

Air : *Sans dessus, dessous*, &c.

NOus étions trois forts bons lurons, *bis.*
Tous trois revenant de Piémont, *bis.*
De l'argent nous n'en avions guere,
Sans dessus, dessous, sans devant, derriere ;
A nous trois nous n'avions qu'un sou,
Sans devant, derriere, sans dessus, dessous.

Nous entrâmes dans un logis, *bis.*
Hôtesse n'y a-t-il rien de cuit ? *bis.*
Il y a des pigeons à la cuiller,
Sans dessus, dessous, sans devant, derriere ;
Et des jambonneaux aussi,
Sans devant, derriere, sans dessus, dessous.

Quand nous eûmes tous les trois souper, *bis.*
Hôtesse, où irons-nous coucher ? *bis.*
Dedans la chambre de derriere,
Sans dessus, dessous, sans devant, derriere ;
Vous coucherez avec nous,
Sans devant, derriere, sans dessus, dessous.

La Servante qui entendoit l'argot, *bis.*
Dit : je veux être de l'écot , *bis.*
  Quel écot ?
De l'écot de la belle hôteſſe ,
Qui remue le cu , qui remue les feſſes ;
 La Servante les remue auſſi ,
Sans devant , derriere , ſans deſſus , deſſous.

⁂

 Quand vous paſſerez par ici , *bis.*
N'oubliez pas notre logis , *bis.*
  Quel logis ?
Le logis de la belle Hôteſſe ,
Qui remue le cu , qui remue les feſſes ;
 La Servante les remne y tout ,
Sans devant , derriere , ſans deſſus , deſſous.

CHANSON.

Air : *A vous , Meſdames , &c.*

Lorſque le mari d'Hélene ,
S'en alloit à perte d'haleine ,
Afin de conter ſa peine
A Priape , Prince un peu fou.
Il lui dit : Roi magnanime ,
Voyez cet affront inſigne ,
L'on me traite comme indigne.
Le Roi lui dit : je m'en f..

Lorſqu'Achille

Lorfqu'Achille , le Gendarme ;
Fit cet horrible vacarme ,
Voulant tuer de fon arme
Le fameux Agamemnon ;
Ce qui caufa fa détreffe ,
C'eft qu'on lui prit fa Princeffe
Aux yeux de toute la Grece ,
Sans qu'il lui eût pris le c...

Vulcain prit à la Tiraffe ,
Le fameux Dieu de la Trace ;
Et il le vit face à face
Comme il le faifoit cocu ;
Mais ce qui lui troubla l'ame ,
C'eft que Mars f... toit fa femme
D'une façon bien infame ;
Car il la f.... en c....

Quand la trifte Iphigénie ,
Par Calcas , mauvais Génie ,
S'en alloit perdre la vie ,
Affife au pied d'un Autel ;
Le Prêtre qui la confeffe
Veut lui manier les feffes.
Ah ! s'écria la Déeffe :
Mourrai-je donc au bordel ?

Lorfqu'Ulyffe , Roi d Ithaque ;
Retournoit dans fa baraque
Avec fon fils Télémaque ,
Pour y tenir cabaret ;

E

Il trouva sa Pénelope
Aux bains qui lavoit la motte!
Il lui dit : f.... salope,
Votre c.... n'est-il pas net?

EPIGRAMMES.

*DE M. R***.*

Un Barnabite exploitoit Sœur Colette;
Mal à son aise au travers du Parloir.
Ah! quel travail, lui disoit la Nonette :
Bien mieux au lit férions un tel devoir.
Ma chere Sœur, répond le Moine noir,
Une telle pensée vient de l'esprit immonde.
Dieu ne nous fit pas pour nos aises avoir
En ce bas lieu, comme les gens du monde.

AUTRE.

Un vieux paillard, qu'à Rome on accusoit
De pratiquer l'amour anti-physique,
Vit à Paris un Prêtre qu'on cuisoit
Pour même cas, dans la place publique.
Hélas! dit-il, le pauvre Catholique,
Que n'est-il né Romain ou Ferrarois!
Pour un écu, la Chambre Apostolique,
L'auroit absous du moins quatre ou cinq fois.

AUTRE.

DEux Bernardins de diverses Provinces ,
De leurs Couvens faiſoient deſcription ,
Chez nous, dit l'un , Moines vivent en Princes ;
Cave & cuiſine ont à diſcrétion.
Item , Nonains avec permiſſion
De s'en ſervir quatre fois la journée.
Quatre ? Parbleu , c'eſt pitance bornée ;
Dit l'autre Moine , on nous le permet huit ;
Cinq le matin & trois l'après-dînée ,
Et ſi j'enrage encor toute la nuit.

AUTRE.

UN gros Prieur de luxure écumant ,
Sur un chalit piquoit ſa haridelle ,
Et s'échauffoit , jurant & blaſphémant
Comme un païen : tant qu'enfin la Donze'le ,
Pour Dieu , mon fils , ne jurez point , dit-elle ,
Vous vous damnez. Cornes de Belzébut ,
Dit le paillard , vous me la baillez belle ;
Suis-je en ce lieu pour faire mon ſalut ?

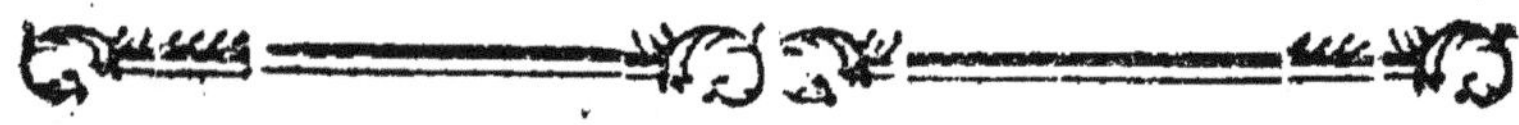

AUTRE.

CErtains Houfards ufant du droit de guerre,
Chez un Meûnier entrerent fans pitié,
Puis à fes yeux levant leur cimeterre,
Mirent à mal fa dolente moitié :
Pourtant la fotte en forme d'amitié,
Du croupion remuoit la charniere.
Lors le mari lui dit : Ah ! boucaniere,
Je fuis cocu : tu prends plaifir au cas.
Hélas ! mon fils, lui répond la Meûniere,
C'eft pour fortir plus vîte d'embarras.

AUTRE.

UNe Nonnain par un Moine requife
Du jeu d'amour, lui dit : Pere Cordon,
Si me faut il d'abord, peur de furprife,
Par la chatiere auner votre bourdon ;
Venez ce foir à l'heure du pardon.
L'autre n'étant fûr de fon allumeile,
Le foir venu, fait à la Jouvencelle,
Au lieu de lui, tâter fon compagnon.
Nenni, nenni, je m'y connois, dit-elle,
C'eft, de pardieu, celui du Frere Oignon.

AUTRE.

A deux genoux une gente pucelle,
Se confeffoit aux pieds d'un Cordelier ,
Et lui montroit , à travers la dentelle ,
L'échantillon d'un tetin régulier.
Lors de la chair le démon familier
Se fit fentir ; par quoi l'homme d'Eglife ;
Lui mit ès mains fon joyeux éguillon.
Oh ! qu'eft ceci ? dit la fille furprife.
Prenez ; prenez , reprit le penaillon ,
C'eft le cordon de Saint François d'Affife.

AUTRE.

Qui fait l'enfant dans l'amoureux combat ;
Difoit Agnès , à fa Dame prudente ,
Eft-ce celui qui fous l'autre s'abat ,
Ou bien l'agent qui deffus inftrumente ?
La Dame alors lui dit : pauvre innocente !
L'enfant fe fait par ceux qui font deffous.
Dieu foit béni , s'écria la fuivante ,
J'en ai fait un à Monfieur votre époux.

AUTRE.

UN pénitent se confessoit de faire
Celui péché qu'on fait delà les Monts.
O le méchant ! s'écria le bon Pere :
Crains-tu si peu l'Enfer & les Démons ?
Pere, dit-il, tant soient vos beaux sermons,
Romain je suis, c'est notre petite oie.
Mais, dit le Moine, Ami, prends l'autre voie,
Et mets du moins les choses en leur lieu.
Il le promit. Le Pere, dit Montjoye,
Alleluia ! J'acquiers une ame à Dieu.

AUTRE.

FRere Conrard, Hermite plein de suc,
Trouvant au lit une Dame discrete,
Lui fit tourner l'anagrame de Luc,
Et de droit fil s'ouvrit la voie étroite.
Que faites-vous ? s'écria la leurette,
Ce n'est pas-là, c'est plus bas, vous dit-on,
Laissez, laissez, dit l'humble Anachorette,
Ceci pour moi n'est encor que trop bon.

AUTRE.

PAr passe-tems , un Cardinal oyoit
Lire les vers de Pſyché , Tragédie ,
Et les oyant , pleuroit & larmoyoit ,
Tant qu'euſſiez dit que c'étoit maladie.
Quoi ! Monſeigneur , à cette rapſodie ,
Lui dit quelqu'un , tant nous ſemblez touché ;
Que l'autre jour au martyre prêché
De Saint Laurent parûtes inſenſible ?
Ah , ah , dit-il , Tudieu ! cette Pſyché
Eſt de l'Hiſtoire , & l'autre de la Bible.

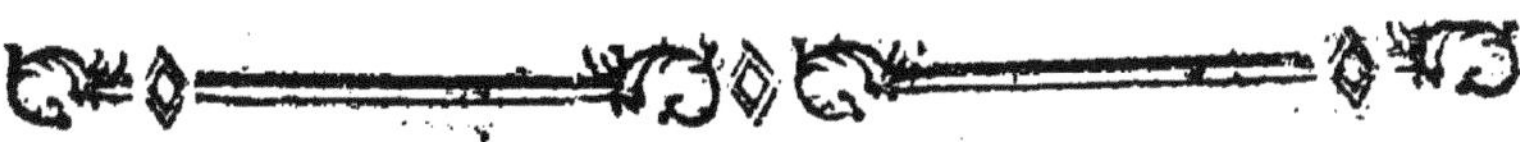

AUTRE.

UN maître Moine exerçoit une Sœur
Pendant la nuit , comme on diſoit Matines :
Mere Chriſtine , en s'en allant au Chœur ,
Les apperçut avec Sœur Clémentine ,
Dont celle-ci faiſant la diablotine ,
Voulut crier & ſonner le tocſin.
Laiſſez , laiſſez , lui dit Mere Chriſtine ;
Ne troublons point le Service Divin.

LA PERMISSION.

Sur un air connu.

Par la morgué, Monsieur mon pere,
A gogo vous f... tez ma mere ;
N'ai-je pas un vit comme vous ? *Bis.*
Pourquoi vous échauffer la bile ?
Et puisque vous f... tez chez nous,
Permettez-moi de f... en ville.

'Ah ! que le f... est nécessaire ;
Puisque d'un seul coup l'on peut faire
Un Alexandre & un Céfar. *Bis.*
Sans le vin & la f... rie,
Je ne donnerois ma foi pas
Un J. F... de cette vie.

'Ah ! que le f... est agréable ;
L'on en devroit fervir à table,
Et même à la fin du répas. *Bis.*
Sans le vin, &c.

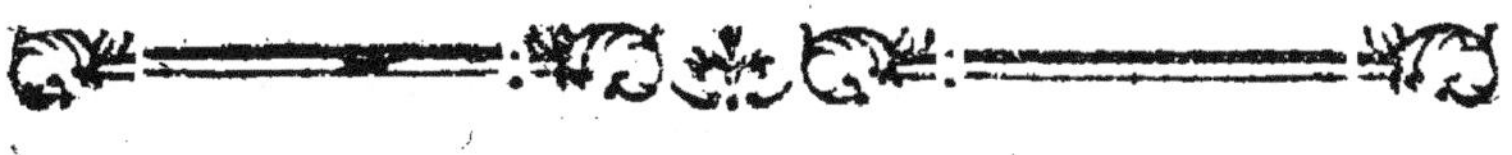

AVIS
A LA JEUNESSE.

Air : *Des Folies d'Espagne.*

Foutez, f... agréable Jeuneſſe ;
Fou... f... à couill... rabattus,
Fou... les c. de vos cheres maîtreſſes ;
Ils ne ſont faits que pour être fou...
Ta, la, rala, rala......

Pour avoir vu de Diane les feſſes ;
Ne périt pas le timide Actéon ;
Ce qui fâcha cette chaſte Déeſſe,
C'eſt que fat ne lui prit pas le c...
Ta, la, rala....

Pigmalion pour repeupler la terre ;
Avec Pilas travailloit jour & nuit.
Ovide dit que c'eſt à coups de verre ;
Et moi je dis que c'eſt à coups de v...
Ta, la, rala....

E ſ

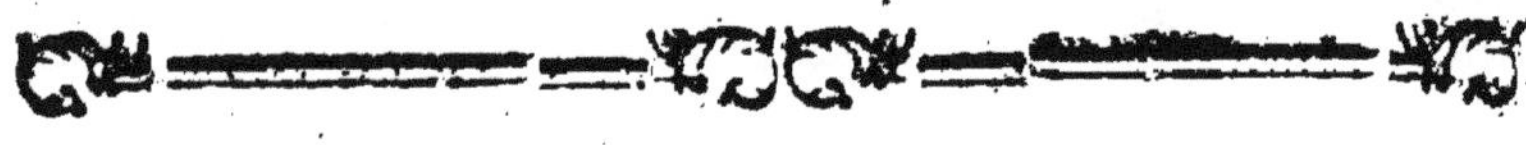

ADAM ET EVE.

Air : *Adam*, &c.

Adam f... tois sa femme
    Au Paradis terreftre.
Hélas ! il ne la f... pas
    Comme elle vouloit l'être.
Elle lui dit : f... tu Normand,
        Mangeur de pomme,
Si tu ne me f... je t'affomme.

Le Pere Adam lui répondit,
    Tout outré de colere :
Eve, crois-tu donc que mon v...
    Soit pour ta fatisfaire ?
        Par la morgué,
F... tre de toi & de ta fente,
Qui te l'a fait te la contente,

LE CONTENTEMENT.

Air : *De Joconde.*

Fou.... & boire sans contredit,
    Ont pour moi bien des charmes ;
Quant à moi je bois jour & nuit,
    Et f... comme trois Carmes.
C'est à ma bouteille à mon v...
    A qui je rends les armes,
Et leur tristesse me ravit,
    Lorsqu'ils versent des larmes.

J'aime ma Cloris, dont l'humeur
    Est toujours agréable ;
Elle anime au lit son fou....
    Et son buveur à table.
Toujours prêt à la contenter,
    Je lorgne & je l'equipe,
Et lorsque son c... veut fumer,
    Mon v... lui sert de pipe.

REPROCHES

A UN AMANT,

Air : *Menuet d'Exaudet.*

Lucas, tien:
Vois combien
Tu m'exposes,
Sans doute qu'on nous a vu;
Quel malheur imprévu
Ta tendresse me cause !
Ah ! j'ai tort,
Je crains fort
Qu'on en cause,
En vain tu presse mon cœur;
De combler ton ardeur
Je m'offre.
Mais tu presse davantage,
C'est donc dans ce bocage;
Que tu veux)
De mes feux
Prendre un gage ?
Ah ! tu ne me connois pas;
Et tu me fais, Lucas,
Outrage.
Hélas ! quoi;
Malgré moi

Tu perſiſte :
Ah ! ceſſe de m'embraſſer ;
J'ai beau me courroucer ;
Vainement tu réſiſte.
La raiſon
Devient donc
Inutile ;
Quand un tendre nous plaît ;
Hélas ! que l'honneur eſt
Fragile.

LE JUPON DECHIRE'.

Air : *De la Fileuſe enclouée.*

Sur le gazon.
Aliſon
Filoit du lin
Sans voir Colin ;
Mais le fripon
Sans façon ,
D'un gros clou perça mon jupon.
Arrête donc ,
Méchant garçon ,
Tu me déchires tout ce que j'ai de bon.
Ne craignez rien ,
Reprit Colin ,
Il n'y paroîtra rien demain.

Tu veux ma mort,
C'eſt à tort,
Moi qui pour toi
Feroit un Roi :
Tu me pourſuis,
Tu me détruis
Mon jupon fait dans une nuit
Arrête donc, &c.

O vous paſſant,
Bonnes gens,
Qui prenez part aux accidens,
Oui, j'ai juré,
J'ai pleuré,
Quand mon jupon s'eſt déchiré,
Mais après tout,
Ce n'eſt qu'un trou,
Il y en a de bien plus grands que l'on recoud,
L'ami Colin,
Soir & matin,
M'a promis d'y faire quelques points

Jeunes Beautés
Profitez
De vos attraits
Quand ils ſont frais,
Le tems qui fuit,
Avertit
Qu'il faut ſuivre ſon appetit
Sur le gazon,
Jouiſſez donc,

Un petit trou gâte-t-il un jupon?
Votre maman,
Qui le défend,
S'en eſt fait faire un bien plus grand.

LA PUCELLE PARVENUE.

Air : *Déſormais je ſerois ſage.*

Pour le coup j'ai fait fortune ;
Le joli métier,
Roulant au clair de la lune,
Dans ces beaux quartiers.
En moi-même je me moque
Du qu'en dira-t-on,
Et je va ſans équivoque,
Deſſus le bon ton.

Dans un ſuperbe équipage
Je roule à Paris,
Et je fais grand étalage ;
Chacun eſt ſurpris
Qu'une fille de village,
Venue avec rien,
Puiſſe avoir en mariage
Quantité de bien.

Je nage dans la richesse ;
   Grace à mes appas :
La Roture & la Noblesse
   Ne savent-ils pas
Que j'en ai ruiné par mille
   Pour y parvenir ,
Des plus fameux de la Ville ?
   Je peux m'applaudir.

Mille fois un cœur pour gage ,
   Vendu chérement ,
Peut bien nous tracer l'image
   Du plus beau talent.
Enfin mon foible mérite ,
   Fait tout mon bonheur ;
Car j'ai souvent la visite
   D'un puissant Seigneur.

Tantôt il me vient un Comte ,
   Tantôt un Baron ,
L'un descend & l'autre monte ;
   L'heureuse maison !
Je peux bien remplir sans peine
   Tous mes coffres forts ,
Il me vient des Capitaines ,
   Marquis & Milords.

Les Officiers de Marine
   Viennent tour-à-tour ;
Pour me voir à la sourdine ,
   Tous brûlant d'amour ;

Des gros Négocians qui m'aime,
    Viennent auffi fouvent,
Si je les reçois de même,
    C'eft pour leur argent.

Le Rôtiffeur la volaille,
    Le Marchand de vin
M'apporte jus & futaille ;
    Quel heureux deftin !
Un Boulanger fort honnête
    Me fournit de pain ,
Et fa femme qui toujours guette,
    Nous efpionne en vain.

LA BLANCHISSEUSE.

Air : *Taifez-vous , petite fotte.*

Qui veut ouir chanfonnette ,
    Nous vous la dirons , *bis.*
D'une jeune Blanchiffeuffe ,
    Pleurant nuit & jour ,
Pour avoir livré paffage
    Au joli jeu d'amour.

Un jour fa galante mere
    La voyant pleurer : *bis.*

Ne pleurez pas tant, ma fille ;
Ne pleurez pas tant,
Je vois bien que vôtre jupe
Leve par devant.

En vous remerciant, ma mere ;
De vos complimens ; *bis.*
Vous m'accusez d'être enceinte ;
Je ne sais de qui ;
Car l'on m'a surpris, ma mere,
Je n'ai rien senti.

Ah ! taisez-vous , petite sotte ;
A quoi pensez-vous ? *bis.*
Peut-on frapper de la sorte
Sans sentir les coups ?
Vous mériteriez que je vous assomme ;
Tout présentement ,
Ou vous me direz, ma fille ;
Qui a fait l'enfant.

Qui a fait l'enfant ? Ma mere ;
C'est un bon grivois ; *bis.*
Il n'a point fait d'apprentissage ,
Mais qu'il est adroit ,
Il a levé ma chemise ,
Et me l'a mis tout droit.

Un jour coulant ma lessive ;
Il m'est venu voir , *bis.*
Me priant d'amour sincere

De blanchir son paquet ;
Il le mit tremper lui-même
Dedans mon baquet.

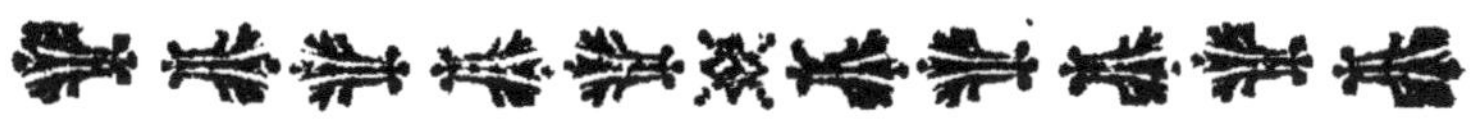

N'entendez-vous pas , ma mere ?
Le canon tirer ? *bis.*
Le Roi veut que l'on lui fasse
Des soldats d'abord ,
Sera pour mettre à la place
De ceux qui sont morts.

LE CORDELIER.

Air : *Et dansons l'Allemande.*

ENtre Paris & Saint-Denis ,
Il s'y fait une danse ,
Hélas !
Il s'y fait une danse.
Et dansons la , la , la , la , la , la ;
Et dansons l'Allemande.

Par-là passa un Cordelier ;
Qui montroit tout son membre ;
Hélas !
Qui montroit tout son membre,
Et dansons la , &c.

Toutes les Dames lui demandent;
Que faites-vous de ce membre,
Hélas !
Que faites-vous de ce membre ?
Et dansons la, &c.

Hélas ! Mesdames c'est pour tirer
Quand l'envie m'en veut prendre,
Hélas !
Quand l'envie m'en veut prendre.
Et dansons la, &c.

Personne n'en eut pitié
Qu'une Fille de Chambre,
Hélas !
Qu'une fille de Chambre.
Et dansons la, &c.

Elle le fit monter
En haut dedans sa chambre;
Hélas !
En haut dans sa chambre.
Et dansons la, &c.

Elle mit un fagot au feu
Pour lui chauffer son membre;
Hélas !
Pour lui chauffer son membre.
Et dansons la, &c.

Quand son membre fut chaud ;
Il commence à s'étendre ,
Hélas ?
Il commence à s'étendre.
Et dansons la , &c.

Ah ! Cordelier , bon Cordelier ;
Mets le moi dans le ventre ,
Hélas !
Mets le moi dans le ventre.
Et dansons la , &c.

Hélas ! Madame , je n'oserois
De peur qu'il ne se fende ,
Hélas !
De peur qu'il ne se fende.
Et dansons la , &c.

Hé bien dusse-t-il se fendre
Jusqu'au haut du ventre ,
Hélas !
Jusqu'au haut du ventre.
Et dansons la , &c.

Et bourre , bourre Cordelier ;
Encore faut-il qu'il entre ,
Hélas !
Encore faut-il qu'il entre.
Et dansons la , &c.

LE MARI TROMPÉ.

Air : *Il étoit une Fille*, &c.

IL étoit une femme,
Femme d'un vieux grigou ;
Toujours fermant porte & verrou ;
Quand il alloit en Ville,
Pour plus de sûreté
Il emportoit la clé, é.

Un jour la bonne Dame,
Si fort se courrouça,
Que d'un tour elle s'avisa ;
Elle prit de la paille,
Ensuite la mouilla,
Puis après la brûla, a.

En voyant la fumée,
Au feu chacun cria,
Ensuite la Garde arriva :
On enfonce la porte,
Et la Belle soudain,
S'enfuit chez son voisin, in.

Le voisin, dit l'histoire,
Depuis long-tems la lorgnoit,
Et la voisine le savoit;
Tandis qu'il la console
De cet accident là,
Notre jaloux rentra, a.

***

Au chef cornes lui vinrent,
Tant il s'ébahissoit,
De tout ce qu'alors il voyoit:
Il en devina la cause;
Mais en homme discret,
Il garda le tacet, et.

***

De gêner une épouse,
Tenez c'est l'avertir
De ne nous point faire mentir,
Croyez fût-il au monde
Une femme d'honneur,
En être possesseur ?

***

Maris cette aventure
Vous donne une leçon,
Profitez-en, l'avis est bon.
Qu'conque au Catalogue
Sa femme enregistra,
Dit son *Meâ culpâ*, a.

***

CHANSON.

Sur un air connu.

UNe Femme du bon ton,
Dont je ne dis pas le nom,
A pour Amant un Milord,
Celui qui la fou... *bis.*
A pour Amant un Milord,
Celui qui la fournit d'or. *bis.*

Mesdames, en entrant chez vous,
On n'y trouve que des trous;
Il faudroit pour les boucher,
Avoir un bon vi... *bis.*
Il faudroit pour les boucher,
Avoir un bon Vitrier. *bis*

Une fille du quartier,
Qui cherche à se marier,
Elle ne cesse de s'écrier :
Qu'on me donne un vi... *bis.*
Elle ne cesse de s'écrier :
Qu'on me donne un Vinaigrier. *bis*

Un jour la belle Catin,
S'est levée de grand matin;

C'est

C'eſt pour peigner avec ſoin ,
Le poil de ſon vi... *bis.*
C'eſt pour peigner avec ſoin ,
Le poil de ſon vilain chien. *bis.*

Quoique les Capucins ſoient gueux,
Moi je les eſtime heureux ;
En ſortant de leur Maiſon ,
On leur donne un Com... *bis.*
En ſortant de leur Maiſon ,
On leur donne un Compagnon. *bis.*

LA SERVANTE
DU CURE'.

Air : *Tout au bas de ſon égoût , &c.*

Connoiſſez-vous Marguerite ,
La Servante de chez nous ?
Elle s'en va traire les vaches
Dedans un pot à piſſer.
  Oh ! la vilaine ,
  Oh ! la ſalope ,
  La mal propre ,
Mal peſte ſoit de la ſalope ;

G

Tic , tic , tac ,
Lon , lan , la ,
Tout au bas de son égoût ;
Il y manque un bout.

Elle s'en va traire les vaches,
Dedans un pot à pisser.
C'étoit pour faire un fromage,
A Monsieur notre Curé.
Oh! la vilaine , &c.

C'étoit pour faire un fromage ;
A Monsieur notre Curé.
Le premier morceau qu'il mange ;
Un grand poil il a trouvé.
Oh ! la vilaine , &c.

Le premier morceau qu'il mange ,
Un grand poil il a trouvé.
Il appelle la servante ,
Marguerite venez ça me parler;
Oh ! la vilaine , &c.

Il appelle sa servante ;
Marguerite venez ça me parler.
Avez-vous le diable au corps ?
Voulez-vous m'empoisonner ?
Oh ! la vilaine , &c.

Avez-vous le diable au corps ?
Voulez-vous m'empoisonner ?

O nenni dà Monsieur le Curé,
Ce sont nos vaches qui ont mué.
Oh ! la vilaine,
Oh ! la salope,
La mal propre,
Mal peste soit de la salope ;
Tic , tic , tac ;
Lon , lan , la ,
Tout au bas de son égout ;
Il y manque un bout.

AUTRE.

Air : *De Joconde.*

Monsieur le Curé n'espérez plus
De m'avoir pour servante,
Il m'est venu du poil au cu ,
Qui me bouche la fente ;
Une barbe de Capucin,
Me croît entre les cuisses,
Et me bouche pour le certain ;
Le trou par où je pisse.

LES CROCS
DE PARIS.

Air : *Marche du Roi de Pruſſe.*

CE ſont les garçons
Du Fauxbourg Saint-Germain,
Tous bons lurons
Qui n'appréhendent rien ;
Et toi, Catin,
Va ton train,
Sous les loix d'un Pariſien,
Et toi, Fanchon,
Dépêche-toi donc,
Vîte que ce n'ſoit pas long,
Sinon j'te coupe les jupons :
Ah ! Monſieur, finiſſez donc.
J'irors par-tout là
Où bon vous ſemblera,
Et j'vous ſuivrons pas à pas.
Tu n'a qu'faire de dire que tu me ſuivras ;
J'le prétends bien & ça ſera,
Sinon j'te mets les bras en bas.
Comptons combien que nous ſommes ici,
Qu'un chacun prenne ſa toupie,
Pour moi je prendrai Fanchon,
Et toi tu prendras Suzon ;

Avance Coquine , donne-moi le bras ,
Que cela ne tarde pas ,
Si quelqu'un dit vlà des arias ,
Fais-moi figne fi j'n'entends pas ;
Sinon j'te couperai les bras.
Ah ! Monfieur , n'me frappez pas.

LE BUVEUR.

Sur un Air de Cour.

PErette voyant Grégoire ,
A table avec fon voifin ,
Le tira par fon pourpoint ,
Et lui dit d'une humeur noire :
Si tu t'en ivres toujours ,
Que deviendront nos amours ?
Taifez-vous , lui dit Grégoire ,
Chaque chofe aura fon tems ,
Les nuits font pour les Amans ,
Et les jours ,
Et les jours font faits
Pour boire , oire.....
Et les jours font faits
Pour boire.

CHANSON

POISSARDE.

Air : *En revenant de la Courtille.*

Un jour j'partons moi & ma mere,
Pour aller boire un' goute d'vin,
En entrant à la Glaciere,
J'entendons un sabat d'chien.

Vla-t-il pas que j'vois mon compere,
Qui tenoit sa femm' par les cheveux,
On n'pouvoit pas la faire taire,
All' l'appelloit toujours pouyeux.

Il avoit mis sa garniture
Et son mant'let en cent morciaux,
Si vous aviez vu sa frifure,
All' auroit fait peur aux oisiaux.

Il vouloit l'y rompre sa canne
Sus l'dos, mais j'me coule entre deux,
Pendant qu'j'arıête la chicanne,
Vlà-t-elle pas qu'elle l'y crache aux yeux.

Et ma mere qui nous voyoit faire,
Vint nous remontrer un peu beaucoup,
All' dit qu'fi j'nallions pas boire,
Qu'all'alloit nous caffer l'cou.

❧

J'ne nous rangeons trétous à tabe,
Et tous emfembe je lichons,
Ah dam' ! c'eft une femm' capabe
De mette la paix dans la maifon.

❧

Et quand c'eft venu la nuit toute noire,
Vla-t-il pas nos gens qui s'aimions mieux,
J'avons pris un broc pour boire,
Et j'avons couché cheux eux.

LA VOLUPTE'.

Sur un Air d'Opéra.

UN fouteur vigoureux ;
Ne fout que par douzaine,
Moi je me trouve heureux
De fix fois la femaine.
Quelle volupté !
Si quelque beauté
Venoit ici fe rendre ;
Je lui feroit voir à l'inftant,

Tout ce que peut un vit bandant ;
Car je me fens ,
Dans le moment ,
Vit dur & le cœur tendre.

Plein de mes fentimens ,
Je vis une fillette ,
Mon vit dans le moment
Sortit de fa brayette.
Je lui pris la main ,
Lui baifa fon fein ,
Et lui claquant les feffes ,
En lui difant :
Ma belle enfant ,
Si je n'ai pas beaucoup d'argent ,
Je fuis pourtant d'un fentiment ;
Vois-tu comme il fe dreffe ?

A l'afpect de mon vit ,
Déjà le con lui brûle ;
La fillette interdite ,
Sitôt elle recule.
Ce n'étoit qu'un jeu ;
Bientôt toute en feu ,
La petite friponne ,
Elle fe jeta fur mon engin ,
En le prenant en pleine main ,
Le mit auprès de fon conin ,
Difant : pouffe & m'enconne.

Son con étoit brûlant ,
Penfoit & écumoit de rage ;

Quoiqu'étroit , cependant
Nous forçâmes le paffage.
    Malgré le plaifir ,
Son con vouloit fuir ;
Nous revînmes à la charge :
Elle le faifit avec ardeur ,
Et me dit d'un ton de douceur :
Si tu es un bon fouteur ,
    Fous-moi , car je décharge.

L'HERMITE.

Sur un 'Air ancien.

C'Etoit un pauvre Hermite ,
Marchant toute la nuit
Avec fa clochette ,
Ne faifant point de bruit.
Réveillez - vous , Mefdames ,
Voilà le point du jour ,
Pour donner à votre ame
Le paradis d'amour. *Bis.*

    Je ne fuis point Hermite ,
Je fuis votre amoureux ,
Qui nuit & jour foupire
Pour l'éclat de vos yeux.

G 5

Je n'ai point de besace,
Je ne demande rien
Que votre bonne grace
Et vos bons entretiens. *Bis.*

Dedans mon Hermitage,
J'ai bien vécu dix ans
De racines sauvages,
C'étoient mes al mens.
Une claire fontaine,
Sur le bord d'un ormeau,
Pour soulager mes peines,
Me fournissoit de l'eau. *Bis.*

LES OISEAUX.

Air : *Buvons , Camarade , buvons.*

UN bel oiseau c'est l'hirondelle , *bis.*
Tout homme qui prend femme belle ,
Doit rester en sentinelle
Sur les remparts de son con.
Buvons, Camarade , buvons,
 Buvons cher Camarade.

Un bel oiseau c'est la linotte , *bis.*
Toute fille qui est dévote ,

Parlez-lui de la culotte ,
Adieu la dévotion.
Buvons , &c.

Un bel oiſeau c'eſt la grue , *bis*.
Fille qui eſt toute nue ,
N'eſt-elle pas plutôt foutue
Qu'une qui a cinq ou ſix jupons ?
Buvons , &c.

Un bel oiſeau c'eſt la bécaſſe , *bis*.
Fille qui fout ſur la glace ,
Chaque poil du con lui caſſe ;
N'a-t-elle pas la rage au con ?
Buvons , &c.

Un bel oiſeau c'eſt la cai le , *bis*.
Soldat qui fout ſur la paille ,
Ses couillons ſont en bataille ,
Et ſon vit en garniſon.
Buvons, &c.

LE TURC
ET LES NONES.

Sur un Air nouveau.

Un Turc entra le sabre au vent,
Chez les Nones d'un Couvent,
Pour forcer,
Enfoncer,
Et tout percer.
L'Abbesse avoit quelques appas,
Elle alloit passer le pas,
Une Sœur
Accourut,
La secourut.
Ah ! dit elle, ah ! quelle horreur !
Barbare, épargne la pudeur,
Si quelqu'une d'entre nous
Doit, hélas ! passer sous tes coups,
Viens à moi,
Tiens, perce-moi,
Je veux vivre & mourir
Pour toute la Communauté :
Dieu ! quelle charité !

Couplet d'un Gascon.

En fait d'amour jé vous le dis,
Jé fuis un des plus hardis,
Cadédis,
A fandis,
J'ai paffé dix.
A d'autres, lui répliqua Margot,
Que n'ai-je ce qu'il s'en faut !
L'imprudent,
A l'inftant
En offre autant.
L'on accepte & fans façon,
L'on fait gageure, & le Gafcon
Ne peut deux fois être heureux,
A promettre & tenir font deux.
Le Galant,
Lent,
Interdit,
Dit :
Perdre à fi beau jeu,
Morbleu.
Margot lui répliqua, ma foi,
J'y perds autant que toi.

LA RENCONTRE.

Air : *La jeune enfant toute hors d'haleine.*

L'Autre jour à la promenade,
Je vis Fanchon avec tous ses attraits ;
En la voyant, mon cœur malade
Se sentit percer de mille traits ;
En la voyant,
Il faut avouer qu'il y a bien de la sympathie là-
dedans.

En la voyant, mon cœur malade,
Se sentit percer de mille traits.

Je m'approchois de la Bergere
Tout doucement, je lui tins ce discours :
Si vous vouliez sur la fougere
Etre sensible à mon amour ?
Si vous vouliez !
Ah ! Mademoiselle, si vous vouliez !

Si vous vouliez sur la fougere
Etre sensible à mon amour ?

Oh, que nenni, Monsieur, dit-elle ;
Je vous connois, vous n'êtes qu'un trompeur ;

Si je faisois moins la rebelle ;
J'aurois bientôt perdu votre cœur ?
Si je faisois ,

Hélas ! je fais trop bien ce qu'il m'en a coûté ,
pour une pauvre petite fois que cela m'est arrivé.

Si je faisois moins la cruelle ,
J'aurois bientôt perdu votre cœur.

Ah ! repris-je , mon adorable ,
Rendez plus de justice à mon amour :
Si vous vouliez être traitable ,
Je vous ferois Demoiselle un jour ;
Si vous vouliez !

Tenez , Mademoiselle , pas tant de compliment , voyez ce que vous avez à faire , voilà de
quoi il retourne.

Si vous vouliez être traitable ,
Je vous ferois Demoiselle un jour.

Ce compliment la fit sourire ,
Je crus la voir sensible à mon tourment ;
Je lui montrois que mon martyre
Avoit besoin de soulagement ;
Je lui montrois ,

Elle fit un grand cris , la pauvre petite , jamais
elle n'en avoit vu un pareil.

Je lui montrois que mon martyre
Avoit besoin de soulagement.

Insensiblement la poulette ,
Se laissa conduire au fond d'un bosquet.

Là je lui pris sa main blanchette ;
Et défis les nœuds de son corset :
Là je lui pris,

Elle eut beau faire le diable à quatre, dire que toutes ces façons-là ne lui convenoient pas, je fus toujours mon train.

Là je lui pris sa main blanchette,
Et défis les nœuds de son corset.

❈

Ah ! traître, ton attente est vaine,
Jamais tu ne triompheras de moi.
Ah ! tu me mets dans une peine,
Qui me fait presque mourir d'effroi ;
Ah ! tu me mets,

Ah ! finis donc, prends bien garde ; as-tu bien fermé la porte ?

Ah ! tu me mets dans une peine,
Qui me fait presque mourir d'effroi.

❈

Malgré les cris de la Bergere,
Je fus connoître l'heure du Berger ;
Et je lui fis sur la fougere,
Six fois serment de ne point changer ;
Et je lui fis,

Tenez, demandez-lui plutôt, elle y étoit la pauvre petite ; elle n'est point menteuse, elle vous le dira.

Et je lui fis sur la fougere,
Six fois serment de ne point changer.

❈

LES FEMMES EN DEBAUCHE.

Sur un air nouveau.

CE font les Dames de Chambery,
Qui levent le cu fans leurs maris ;
J'entends le cu du verre,
Terin, tin, tin,
Sans aucun efprit malin ;
J'entends le cu du verre,
Quand il eft plein de vin. **Bis.**

Mefdames, ne voudriez-vous pas
Lever le cu dans un repas ?
J'entends le cu, &c.

Quand le repas fut préparé ;
Ces Dames eurent le cu levé.
J'entends le cu, &c.

Leur pucelage fut perdu ;
C'eft pour avoir levé le çu.
J'entends le cu, &c.

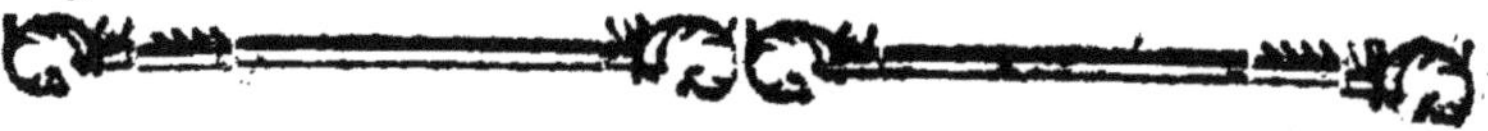

GUYOT ET MARGOT.

Air : *Un jour étant à la Campagne.*

JE n'ai pour tout mon Domestique,
Que ma niece, Guyot & Margot :
Ma niece à l'étude s'applique,
Et Guyot fait bouillir le pot.
Mais pour notre jolie Servante,
Quand elle coud, quand elle coud,
Quand elle coud elle est contente.

Ma niece regle la dépense,
Un gigot sert à deux repas ;
Pour être sujet à sa panse,
Le pauvre Guyot ne l'est pas.
Mais pour notre jolie Servante,
Quand elle coud, &c.

Un jour sa vaisselle étant nette,
Je la trouvois près de Guyot,
Qui lui raccommodoit sa brayette,
Tout doucement sans dire mot.
Ce qui me fit comprendre que ma Servante,
Quand elle coud, &c.

Elle avoit forcé son aiguille ;
Et ne pouvoit plus travailler ;
Guyot pour contenter cette fille ;
Sitôt se mit à la redresser.
Je compris bien que ma Servante ;
Quand elle coud , &c.

Après que besogne fut faite ;
L'aiguille se défenfila ,
Pour contenter cette fillette ,
Soudain Guyot la renfila.
Je compris bien que ma Servante ;
Quand elle coud , &c.

COUPLET.

Air : *Adieu Marseille* , &c.

A Dieu garce & putain du diable ,
Adieu vilaine envilainée ,
Branle-moi le nez :
Va-t-en dire à ta garce de mere ,
Qu'elle me vienne voir ici
Branler le vit.

CHANSON.

Sur l'air d'un Menuet.

Taisez-vous, fous, taisez-vous ;
Eloignez-vous de mon courroux,
Vos genoux me blessent de leurs coups.
Traître que me fais-tu là, ha, ha ?
Ciel ! tu me perce ; hélas !
Tous tes efforts sont superflus.
Arrête donc, je n'en puis plus :
Laisseras-tu là mon jupon ?
Finiras-tu donc ?
Juste ciel ! Ah ! quel amour !
Je me pâme nuit & jour.

Quand je te tiens entre mes bras ;
Que je te serre entre deux draps ;
Ah ! maman, quel plaisir je ressens !
Le plaisir que je reçois,
Viens que je le partage avec toi ;
Il est si piquant & si fin,
Que je voudrois soir & matin,
Répéter cinq à six fois,
Ce jeu si charmant :
Ce n'est pas le tout que de vouloir ;
Mais c'est qu'il faut pouvoir.

Ne crois-tu pas de bonne foi ;
Que je goûte auſſi bien que toi
Le plaiſir dont tu me fais jouir ?
 Non , non , mon cher amant ;
Non , je ne fais rien à demi.
A ce joli jeu de billard ,
J'en fais fort bien tirer ma part :
Tiens fans façon , baiſe-moi donc,
 Ma flâme eſt pour toi.
Tu commence à m'enflâmer ,
 Tu ceſſe de m'aimer.

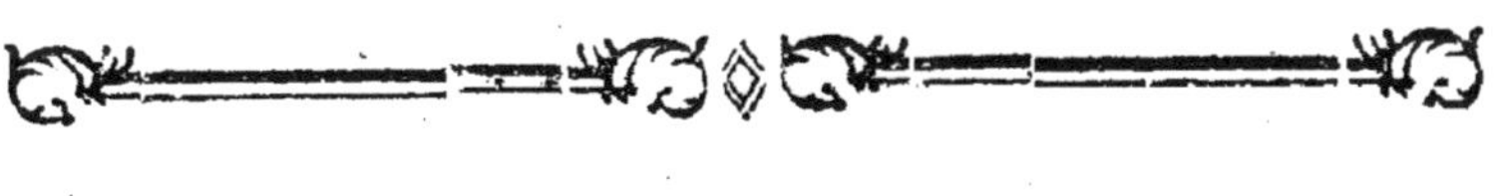

A U T R E.

Sur un air ancien.

SI vous étiez des garçons
 A me faire ma fortune ,
Je vous donnerois mon con ;
Comme je vous donne la lûne ;
 Et vous le manierez ,
A votre noble façon de penſer. *Bis.*

Tiens , voilà foutue putain ;
 Voilà dix-huit piſtoles :
Laiſſe-moi te prendre le con ;
Et laiſſe-moi faire la riole ;
 Laiſſe-moi te le manier ,
A ma noble façon de penſer. *Bis.*

ELOGE DES FEMMES.

Sur un air connu.

PAr des raisons prouvons aux hommes,
Combien au-dessus d'eux nous sommes,
Et quel est leur triste destin,
Nargue du genre masculin :
Montrons-leur quel est leur caprice,
Leur foiblesse & leur injustice ;
Chantons & répétons sans fin,
Honneur au sexe féminin.

   L'homme ayant bu n'a plus de tête,
Moins raisonnable qu'une bête,
Ne sauroit trouver son chemin,
Nargue du genre masculin :
La femme en est bien plus aimable,
Plus agréable & plus affable,
Quand elle est en pointe de vin ;
Honneur au sexe féminin.

   Qu'à Cythere on fasse un voyage,
Au retour du pélerinage,
L'homme paroît triste & chagrin,
Nargue du genre masculin :

La femme en revient au-contraire,
Plus éveillée & plus légere ;
Elle y retourneroit soudain,
Honneur au sexe féminin.

Veut-on obtenir une grace,
L'homme suit son Juge à la trace ;
Mais c'est presque toujours en vain,
Nargue du genre masculin :
Au lieu qu'une femme paroisse,
A lui donner chacun s'empresse ;
Prend-elle on baise encore sa main,
Honneur au sexe féminin.

CHANSON

POISSARDE.

LA RAVAUDEUSE.

Air : *Hé bien, Monsieur Thomas.*

Pardiez Messieurs,
Si vous êtes amoureux,
Mariez-vous, c'est pour le mieux ;
Car ça fait un plaisir joyeux.

Pour moi je fuis fort en train
Pour Catin ,
Qui demeure rue Saint-Martin ;
Tout vis-à-vis ce petit coin ,
J'en ferons la demande demain.

Hé bien , Monfieur Lucas ;
Vous nous reluquez du haut en bas ;
Toutes ces façons n'vous convenons pas ;
Quoi foyons qu'ravaudeufe de bas.
J'avons du foin dans nos fouliers ,
J'ons refufé
D'époufer un Savetier ,
Deux porteurs d'eau , trois Ecaillers ;
Ça fait-il pas tous gens de métier ?

Hé bien , mon petit trognon ;
S'il eft vrai que nous vous reluquons ,
Ce n'eft qu'à bonnes intentions ,
Puifqu'ainfi vous épouferons.
Je fommes Marchand de Loterie ,
J'ons du débit ,
Et quand j'ferons votre mari ,
Je vendrons dedans Paris ,
Le gros lot aux grands & petits.

Mais c'eft qu'j'ai un grand frere ;
Il eft bien grand , il eft bien fiere ,
Il pourroit bien nous empêcher ,
S'il favoit , de nous marier.

Il eſt des Gardes du Roi ;
Il eſt ma foi
Plus haut que vous de deux doigts ;
Le voyez-vous, c'eſt un Grivois
Qui ſait ſe moucher dans ſes doigts.

Et s'il ſe mouche comme ça ;
Parſandiez c'n'eſt pas l'embarras,
Comme lui ne ſavons-nous pas
Qu'j'avons des doigts au bout d'nos bras ;
J'avons été Garçon dans le Guet,
J'ons fris l'ballet,
Et j'avons ſervi, s'il vous plaît,
Pendant deux mois Maître Laquais ;
Chez un Exempt du Châtelet.

Hé bien, mon petit cœur ;
Vous ſerez donc mon ſerviteur,
Vous méritez bien ce bonheur,
Puiſque vous êtes garçon d'honneur.
J'ons des parens dans nos maiſons,
Mon oncle chiffon,
Et ma tante retrouffignon,
J'les irons trouver ſans façon ;
Leur demander la parmiſſion.

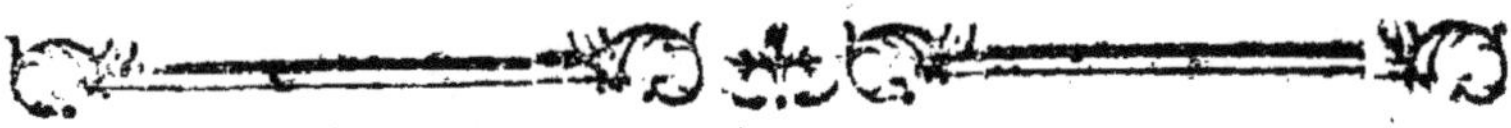

PETITE LEÇON.

A MA FLUTE.

Mon vit, ne faites pas la bête ;
Gardez-vous de lever la crête,
Chaque Iris n'est pas la de Scay,
Le présent n'est pas le passé,
La Hollande n'est pas la France ;
Ni son clinquant ce qu'on en pense ;
En vain jettez-vous l'hameçon,
Leyde n'est rien moins qu'Alençon ;
Et de vous travailler sans lucre
Ce feroit profaner un sucre,
Dont Alençon a fait grand cas,
Et que maintenant il n'a pas.
Rengainez donc votre colere,
Toute peine vaut salaire,
Et cela ne feroit pas bien
Si vous alliez foutre pour rien.
Vous direz qu'Aminte vous mire ;
Mon pauvre vit, je vous admire,
Par ma foi vous êtes bien fou !
La maussade n'a pas un sou :
Que son pucelage l'étrangle,
Avec sa bouche faite en angle,
Et son puant nez de faucon,
Croisuelle qu'on fourre en son con

Un vit dont l'ardeur non commune ,
Vaut tous les tréfors de Neptune ?
Non , non , mon vit , encore un coup ,
Gardez-vous bien d être fi fou :
Rien n'eft conftant deffus la terre ,
La fortune nous fait la guerre ;
Mais j'efpere encor quelque jour
Quelques piftoles de l'amour.
Si les filles de cette ville ,
Vous croyoient tellement utile ,
Que vous puiffiez en un moment
Leur donner un contentement
Capable d'éteindre la rage
Que leur caufe leur pucelage ,
Et perpétuer la douceur
Qu'un fimple vit apporte au cœur ;
Je penfe bien que *leur* matrice ,
Au travers de leur avarice ,
Fendant la preffe jufqu'à vous ,
Vous demanderoit quelques coups ,
Et du tranchant de fa languette
Sauroit déchirer ma brayette.
Mais mon vit , il vous faut fonger
Qu'ici vous êtes un étranger ,
De qui l'heure n'eft pas venue ,
Dont la valeur eft inconnue ,
Et qu'on cherchera quelque jour
Aux rayons du flambeau d'amour.
Déja l'hiftoire d'Amarante
La jeune Célimene enchante ,
Et Sylvie , Aminte & Cloris ,
Frappant du pied fur mes écrits ,
Lorfqu'elles vous lifent fi brave ,
Leur con bâille , brifant l'entrave.

Pisse le sperme , & de travers
Voit Amarante dans mes vers.
Hé bien , mon vit , la patience
Amene tout en abondance ;
J'attends d'elles , de jour en jour ;
Quelque cartel de leur amour :
Alors mon vit , comme un grand Maître ;
Faites bien péter le salpêtre ,
Et marquez par des faits nouveaux
Que je n'ai rien écrit de faux ;
Pourvu que l'argent soit leur guide ;
Poussez , je vous lâche la bride ,
Et moi-même avecque la main
Je vous ouvrirai le chemin :
Mais que , comme un engin de balle
Qu'on vend dans Paris à la Halle ,
Vous vous donniez pour un florin ,
Vous , de qui le nez tout sucrin ,
Quand il furette un con l'embaume ;
Et bondit comme balle en paume ,
S'agrandissant comme un compas ,
Non , je n'y consentirai pas ,
Et je , si vous faites la bête ,
Vous jette un seau d'eau sur la tête.
Çà donc , y dussiez-vous pourrir ,
Rentrez chez vous sans discourir ,
Et vous nichez sous votre plume ,
Jusqu'à ce que l'or vous allume.
C'est ainsi que , dans mon dépit ,
Je fais des leçons à mon vit ;
Que je réprime sa furie ,
Qui jusqu'à l'excès est mûrie ;
Et qu'avec un peu de raison
Je le retiens à la maison.

Pour vous , Meſſieurs , vous êtes libres ;
Si vous connoiſſez ces calibres ,
Capables de vos vitelets ,
Gratuitement rempliſſez-les ;
Mais moi qui n'ai de la nature
Qu'un vit exempt de la morſure
Du monſtre qui mord comme un chien,
Je ne veux point foutre pour rien.

VERS GAILLARDS.

Tant j'aime l'amoureux déduit ;
Que chaque doigt ſur un gros vit
Vous en ſeriez bien plus contente ,
Outre qu'il n'arriveroit pas
Que ces vits fuſſent jamais las
A vous payer chacun ſa rente.

AUTRE.

Le plaſir que je prends ne peut être petit ;
Jamais je ne fous à la nage ,
Et la raiſon , c'eſt que mon vit
Ne peut trouver de con trop large ;

AUTRE.

Lorsque la Belle avoit la pâle maladie,
Elle fut consulter les oracles d'vers,
Voir quel remede étoit pour garantir la vie;
Il lui fut répondu : Belle fille , ma mie,
Ton remede est écrit à côté de ces vers.

EPITAPHE.

Ci gît le Sieur de Manas,
Lequel , de sa propre allumelle,
Se tua en prenant ses ébats
Sur le corps d'une Demoiselle;
Je ne sais après son trépas
Par où son esprit s'en alla :
Mais je sais bien qu'on ne va pas
En Paradis par ce trou-là.

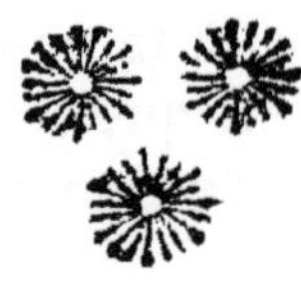

AUTRE.

Ci gît l'impudique Manon,
Qui dans le ventre de sa mere
Se tournoit de telle façon,
Qu'elle foutoit avec son pere.

AUTRE.

Ci gît un homme qui trépassant
Mourut avec le vit bandant ;
Par-là passa un Esprit fort,
Qui, le voyant en cette posture,
Crut qu'il alloit foutre la mort.

LE CHAPITRE
GÉNÉRAL
DES CORDELIERS.

Déjà la Renommée avoit passé les mers,
Pour aller annoncer à cent Peuples divers,
Que l'invincible Chef de la Gent Cordeliere
Venoit de terminer son illustre carriere.
Déjà, pour faire choix d'un digne Successeur,
De chaque Monastere on assemble la fleur,
Et Tolede est choisi pour tenir l'assemblée,
Où doit se réunir l'élite députée.
Le Chapitre commence, il se tient à huit clos;
Un Moine, beau parleur, l'ouvre par ce propos:
O vous! dignes soutiens de toute gueuserie,
Vous, qui faites valoir la sainte momerie,
Qui n'avez pour tout bien & pour tout revenu
Que le droit casuel & du con & du cu;
Vous, qui de toutes parts venez ici vous rendre,
Au saint Généralat vous qui voulez prétendre;
Vous vous flattez en vain que la brigue en ces lieux
Favorise jamais des vœux ambitieux.
Quiconque ose aspirer à cette grande place,
Ne doit sur ses talens attendre aucune grace.

Plus humbles, plus favans fuffiez-vous mille fois,
Plus ardens à gueufer que le grand faint François,
Si vous n'avez des vits d'une énorme mefure,
Vous devez de ce rang vous-mêmes-vous exclure.
Le mieux muni de nous doit ê re Général ;
C'eft-là pour notre choix le point fondamental.
A notre Ordre aujourd'hui donnons un nouveau
 luftre,
Choififfons parmi nous le vit le plus illuftre.
Peres, préparez-vous, voici l'inftant fatal,
Qu'il faut mettre au grand jour le fceptre mo-
 nacal ;
De vos roides engins montrez la révérence,
Et voyons qui de nous aura la préférence.
Alors montrant le fien : Voici, dit - il, mes
 droits,
Et le figne affuré de mes fameux exploits ;
Quoiqu'on en ait tranché par un malheur funefte,
Pour être Général, voyez ce qui me refte :
Révérends, c'eft, je penfe, un affez bel hochet.
A fon afpect, on croit voir un vit de mulet.
Saifi d'un faint tranfport, un vieillard en lunette
S'approche, & pour le voir fait une humble cour-
 bette ;
De près il l'examine, & dit : Par faint François,
Voilà, je crois de l'Ordre un des plus beaux
 anchois.
Mais d'un air dédaigneux faififfant la parole,
Pere Tapeux foutient que c'eft une hyperbole,
Prétendant qu'il n'a pas fuffifante groffeur,
Défie, à fon égard, le plus rude cenfeur ;
Et levant d'une main fa longue robe brune,
De l'autre il fort un vit propre à faire fortune.
A peine le peut-on empoigner d'une main,
H 5

Long à proportion , quarré , sec & mutin.
Voilà , dit-il , un vit , rougissant de colere ;
Et non pas ce que vient de nous montrer le Pere :
Avec cet outil-là , je peux , sans me gêner ,
Fourbir mes douze coups , dont six sans déconner.
Le Chapitre sourit , & prend cette bravade
Pour un discours en l'air , pour une gasconade ;
Mais le Moine , piqué de cet affront nouveau ,
Frappe de son outil vingt fois sur le bureau ;
Cet effort vigoureux fait trembler le Chapitre.
L'on admire , l'on rend justice à votre titre ,
Vous méritez beaucoup , lui dit le Président ,
Pere Tapeux , calmez ce noble emportement :
C'est assez , Révérend , contenez ce tonnerre ,
Vous avez effrayé tout notre Monastere ;
Votre engin à son tour doit être mesuré ,
Et s'il est le plus long , il sera préféré.
Pere Examinateur , commencez votre ronde ;
Que chacun fasse voir sur quel titre il se fonde ;
Qu'on enrégistre tout , la taille & la grosseur ,
Qu'on fasse mention exacte de longueur,
Et du tour du Breteur ; sur-tout qu'on examine
Les couilles & les vits jusques à leur racine;
Enfin ce que chacun montrera de vigueur ,
Soit dans votre examen produit en sa faveur.
L'examen achevé , il faut que l'on opine ;
Mais pour l'élection nul ne se détermine.
Le Pere Brise-Motte & Pere l'Enfonceur
Ont leurs engins égaux en longueur , en grosseur
Egalement bandant , ils ont des reins de diable ,
Les couillons sont égaux , enfin tout est sem-
    blable ;
Mais comment faire un choix , où tout paroît
    égal ?

Il faut pourtant que l'un des deux soit Général.
Pour nous tirer , dit l'un , de cette incertitude ,
Mettons-les tous les deux à quelqu'épreuve rude :
Pour choisir sans scrupule & sans prévention ,
Faisons venir ici jeune fille & garçon ;
Sur l'un & l'autre sexe exerçons leur courage ;
Nous verrons qui des deux prend mieux un pu-
      celage ,
Lequel en fouterie est meilleur ouvrier ,
En un mot , qui des deux est meilleur Cordelier.
Bientôt après ces mots on présente à la Salle
Un jeune Ganymede , une jeune Vestale ,
Environ de quinze ans , plus belle que le jour ;
Teint de rose & de lis , ouvrage de l'Amour.
Chaque Pere , en voyant cette jeune fillette ,
Sent son bidet tout prêt à rompre sa gourmette.
Le Président fait signe au Pere l'Enfonceur
De commencer l'épreuve , & grimper sur la
      Sœur.
Sitôt dit , sitôt fait : dessus une couchette ,
Mise en ces lieux exprès , mon Frocard vous la
      jette ,
Il la trousse , & se met en devoir d'obtenir
Des plaisirs que l'amour ne sauroit définir.
Le Pere avec transport acheve sa victoire ,
Et tirant du conin son vit couvert de gloire ;
Sitôt il le renfonce , & pour dignes exploits ,
De l'aveu du tendron , il déchargea six fois ,
Six fois sans déconner ; & puis levant sa cotte
Il fait voir au grand jour la plus charmante motte ,
La cuisse la plus blanche , & le plus beau conin
Qui se trouva jamais sous jupe de Nonain.
Le vit du Moine alors montrant sa rouge tête ,
S'échappe furieux de la sainte brayette ,

Ecumant de luxure , il remonte à l'inſtant,
Jean-Chouard cette fois entre plus aiſément ;
Ce jeune petit con , quoique con de poupée,
Au Moine vigoureux laiſſe une libre entrée :
Dans ce ſecond aſſaut , ſans plainte & ſans dou-
     leur ,
De l'enfroqué Jean-Foutre elle remplit l'ardeur ;
Tant & ſi bien qu'enfin ne pouvant paſſer outre ,
Il lui laiſſe le con tout barbouillé de foutre.
Le Pere l'Enfonceur , illuſtre Candidat ,
Ainſi fut éprouvé pour le Généralat.
Le Pere Briſe-motte à ſon tour ſur la ſcene
Entre , & dit qu'il ſoutra dix coups tout d'un
     haleine.
Il eſſuye le con de cette jeune Sœur ,
Et dans trois coups de cu lui cauſe une douleur ;
Qui fait jeter des pleurs à la jeune innocente.
Le Moine ſans pitié dans ſon ardeur brûlante ,
La ſerre entre ſes bras , ſaiſi d'un doux tranſport ;
Sentant ſon vit preſſé comme par un reſſort ,
Change en tendres ſoupirs les pleurs de ſa con-
     quête ,
Et régale ce con d'une ſi belle fête ,
Que le cu de la None en ſauta de fureur.
Le paillard darde au fond la bénigne liqueur ;
Et ſuivant ſans repos l'amoureux exercice ,
Douze coups , tous portants , ſon vit lui fut
     propice.
La douzaine finie , on crut qu'à cette fois
Le Moine bornerait le cours de ſes exploits.
On alloit opiner , quand ce nouvel Hercule ,
Retournant le Tendron , du premier coup l'en-
     cule ;
Sodomiſe deux coups , & deux fois déchar-
     geant ,

Il retire du cu deux fois son vit bandant,
Jusques-là Brise-Motte avoit eu l'avantage ;
Et le Chapitre alloit lui donner son suffrage :
Le mien n'est pas pour lui , répond Frere Frappe
    part ,
Au choix en question je prétends avoir part ,
Et sur lui remporter une pleine victoire :
Mon vit n'est pas si long , Peres , je veux le
    croire ,
Mais pour foutre je veux lui damer le pion ;
Je vais vous le montrer sur ce jeune garçon.
Il dit, & sur le champ déculotant le Frere ,
Aux yeux des Papelards paroît le beau derriere.
Il pousse vivement son vit sans le mouiller ,
Sans effort & sans peine encule l'Ecolier.
Chacun frappe des mains à ce charmant spec-
    tacle ,
Et l'on tient que le coup approche du miracle ;
Quand le bougre , charmé de l'applaudissement ,
Leur dit , sans déconner , je foutrois tout un an :
Le saint homme , en effet , de toute la journée
Ne cessa de tenir la mazette enculée.
Le Président se leve , & recueille les voix ;
Tout est en sa faveur , le Chapitre en fait choix :
Quand un Moine étourdi se saisit de la porte ,
Et dit qu'il ne veut pas qu'aucun Cordelier
    sorte ,
Sans avoir déclaré qu'il faut , pour être élu ,
Foutre quarante coups , soit en con , soit en cu ,
Appellant de leur choix au plus prochain Concile ;
Prétendant d'y montrer qu'il n'est pas moins ha-
    bile ,
Qu'il offre de montrer sa proposition
Mise dans le moment en exécution.

Il sort, ferme après lui : le Chapitre en mur-
    mure.
Je veux vous foutre tous , dit-il, par la serrure :
Pied ferme & vit en main , il les prend au gui-
    chet.
Les Moines se voyant surpris au trébuchet ;
Déliberent enfin , & la sainte assemblée,
Qui se voit au passage à coup sûr enfilée ,
Veut bien qu'à ce mutin on présente le cu.
Tout autant il en sort , tout autant de foutu :
Pas un n'en est exempt ; pas même la vieillesse ;
Le bougre encule tout d'une même vîtesse :
Chaque Moine convient qu'il n'a rien vu d'égal ;
Et qu'on ne peut choisir un plus grand Général.

EPIGRAMME.

Quand Jean , si rempli d'amitié,
Dit que sa femme est sa moitié,
Je trouve qu'il a bonne grace ;
Car si, dès qu'il est endormi,
Un autre succede à sa place,
Elle n'est à lui qu'à demi.

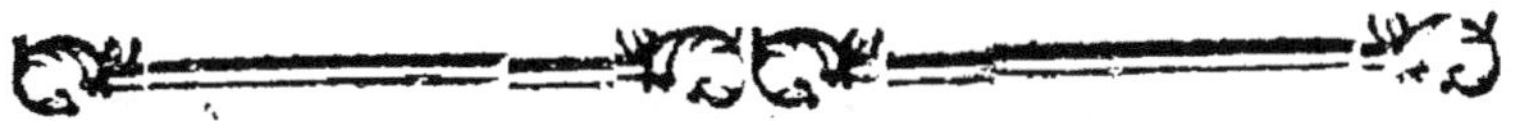

LE DESAGREMENT

DE LA JOUISSANCE.

ENfin après six mois de peines & de soupirs ;
Climene s'est rendue à mes pressans desirs ;
D'un moment tendre & doux j'ai saisi l'avantage,
Mais hélas ! qui l'eût cru ? cette prude sauvage,
Qui tant & tant de fois a refusé mes vœux,
A plus foutu de coups que je n'ai de cheveux.
Son con vaste & son cu font une même fente ;
Mon vit en fut frappé d'horreur & d'épouvante ;
Et parcourant au loin cet abyme profond,
En même tems foutit & le cu & le con.
O vous , qui recherchez l'honneur d'un puce-
      lage ,
Amans , ne jugez pas du con par le visage.
Les dévotes Beautés qui vont baissant les yeux,
Sont celles plus souvent qui chevauchent le mieux:
Telle , d'un air bigot , vous affronte & vous dupe ,
Qui pour un malheureux vingt fois leve sa jupe ,
Et feignant de prier , en fermant son volet ,
Pour un godemichi quitte son chapelet.

L'HEUREUSE
AVENTURE.

POur éviter l'ardeur d'un brûlant jour d'été ;
Catin deſſus ſon lit dormoit à demi-nue,
Dans un état ſi beau, qu'elle eût même tenté
L'humeur la plus pudique & la plus retenue.
Sa jupe permettoit de voir en liberté
Ce petit lieu vermeil qu'elle cache à la vue ;
Le centre de l'amour & de la volupté,
La cauſe du beau feu qui m'enflâme & me tue.
Un ſi ſenſible objet, & cette occaſion,
Banniſſant mon reſpect & ma diſcrétion,
Me firent embraſſer cette belle dormeuſe.
Alors elle s'éveille à cet effort charmant,
Et s'écrie auſſi-tôt : Ah ! que je ſuis heureuſe,
Les biens, comme l'on dit, me viennent en dor-
    mant.

PRECAUTION

DE CLORIDOR.

Cloridor n'eſt pas une dupe ·
Voyant que ſon Iris rougit étant *virgo* ;
Pour couvrir ſa rougeur il lui leve la jupe ;
Et met ſur ſon viſage un maſque *in-folio.*

EPIGRAMME.

Un Moine à barbe , exploitant bonne Sœur ;
Réitéroit ſouvent ce doux labeur.
Ah ! c'eſt aſſez , finiſſons , lui dit-elle ,
On ſonne au Chœur , je vais où Dieu m'appelle.
Eh quoi ! ſi vîte ? Encore un pauvre *Ave* ,
Encor ma Sœur , & puis je me retire.
Qu'un *Ave* ? Soit : voyons , je vais le dire ;
Ça faites donc , j'y joindrai le *Salve.*

ENIGME.

JE suis une plaisante chose,
   Qui peut avoir environ
   Six à sept pouces de long.
Je ne sers point quand on repose,
Quand je pends je suis hors d'emploi
Dès qu'on veut se servir de moi,
Alors une main féminine
Me prend, me secoue & badine,
Puis après le jeu me conduit,
Ainsi que mon fidele guide,
Dans une fente fort humide,
Comme en mon naturel réduit.
Là j'entre autant que l'on me pousse :
Après mainte & mainte secousse,
Si l'on me retire dehors,
Je suis tout mouillé quand je sors.
C'est par ce plaisant exercice
Qu'au genre humain je rends service ;
Mais si par malheur rebuté,
Ou trop vainement excité,
On ne peut me mettre en usage,
C'est alors grand bruit au ménage.

   O vous tous, qui lisez ici
   Le détail de mon savoir faire ;
Si vous me devinez, vous pouvez sans mystere
Me nommer ; car de moi vous vous êtes servi.

CHANSON.

LE BORDEL.

Sur l'Air : *Tôt, tôt, tôt, Battez chaud, &c.*

Voici un Bordel bien choifi,
Voyons de foutre avec plaifir,
Demandons vîte la Maquerelle.
Qu'on me produife une Putain,
Je fens renaître mon engin,
Ah ! que de grace ! Ah ! qu'elle eft Belle !
   Tôt, tôt, tôt, foutez chaud,
      Bon courage,
Il faut avoir du cœur à l'ouvrage.

Foutre dix coups fans déconner,
C'eft le moyen de m'amufer,
Pour un feul coup je ne veux pas m'y mettre
Quoi Jean-Foutre vous débandez,
Vous me propofez de branler,
Quittez ce ton de petit Maître
   Tôt, tôt, tôt, &c.

J'ai tant foutu & refoutu,
Mon pauvre Vit qui n'en peut plus,

Mes Couilles tombent en faibleſſe ;
A l'abordage d'un beau Con ,
Ah ! quel malheur pour un tendron ;
De voir un Vit qui jamais ne dreſſe ,
Tôt, tôt, tôt , &c.

AUTRE.

Tout fout dedans le monde ,
Sur la terre & ſur l.onde
Et même dans les Cieux ,
Jupin fout Ganimede
Et Perſée Andromede
A la Barbe des Dieux.
Diane toute laſſe ,
Des plaiſirs de la Chaſſe ,
A l'ombre d'un buiſſon ,
Tandis qu'elle repoſe ,
Trouva dedans ſon choſe
Le Vit d'Endimion.
Caron dans ſa Nacelle
Fout toutes les Pucelles ,
Qui deſcendent là-bas ,
Et le Dieu Mars s'applique
A ſe branler la Pique.
Quand il ne les fout pas.

F I N.

www.ingramcontent.com/pod-product-compliance
Ingram Content Group UK Ltd.
Pitfield, Milton Keynes, MK11 3LW, UK
UKHW020247180726
13839UKWH00001B/217